あいつゲイだって

アウティングはなぜ問題なのか？

松岡宗嗣
Soshi Matsuoka

柏書房

あいつゲイだって

はじめに

私がはじめてゲイであることをカミングアウトしたのは、高校を卒業したあとの春休みだった。大学進学を機に上京することが決まっていたため、最悪受け入れられなくても「逃げ場」がある……と、中学時代や高校時代の友人にカミングアウトした。母親へは大学二年生のゴールデンウィークに伝えた。結果的には友人も母も好意的に受け止めてくれて、大学からはオープンにしていこうという決心もついた。このときからセクシュアリティを隠すつもりはなくなり、他の人にバレても仕方がないと思うようになった。

はじめてアウティングを経験したのは、実は「家族間」でのことだった。アウティングとは、「本人の性のあり方を同意なく第三者に暴露すること」。ここでの「性のあり方」とは、主に性的マイノリティ当事者の性的指向（恋愛や性的な関心がどの性別に向くか、向かないか）や性自認（自分の性別をどのように認識しているか）などを指す。私の場合は、私のカミングアウトを受けた母が、父に、息子がゲイであることを伝えた。私への確認はなかった。

父は「息子がゲイであること」をすぐに受け入れることができたわけではなく、半年ほどは母と父との会話の中で「息子のセクシュアリティに関する話題」は避けられていたという。当時、私も母から父の反応を聞いて、なかなか実家に帰ろうという気持ちにはなれなかった。いまでは父も受け止めてくれていて、パートナーを実家に連れていくこともある。しかし、もしあのまま関係性に亀裂が入っていたら、私は実家に帰ることはできなかったかもしれない。

同時期、母は家族ぐるみで付き合いのある幼なじみやその家族にも、息子がゲイだとアウティングをしていた。これも事後報告だった。幸いにも母がポジティブに伝えてくれたこともあり、特に問題なく受け止められた。

当時の母は、アウティングにともなう危険性を認識していなかった。ただ、結果的には問題にならなかったこともあり、私自身、カミングアウトせずに勝手に周囲に伝えられたことを、かえって楽に感じた面もある。

しかし、あるとき母から打ち明けられた。幼なじみからこんな連絡があったのだという。

ある日、私の幼なじみがアルバイトで働いている飲食店に、私の幼少期の知人がたまたま来店した。そこで突然、「宗嗣《そうし》がゲイだって知ってた？」と聞かれたのだ。そのとき、私の幼なじみはどう答えてよいかわからず曖昧に返答したが、その後、私を心配して母親経由で知らせてくれたのだった。私自身、こうした事態へと発展していくことは想定していたため、その話を聞いても、ただ事実として受け止めただけだった。

しかし、それが「噂」として広がることの怖さを実感するもう一つの場面に、私はまもなく遭遇することになる。

二十歳《はたち》になる年、成人式に参加するために地元に帰り、同窓会に参加した。中学や高校を卒業してから一部の関わりのある人たちにはカミングアウトしていたが、何年も会っていない人と会うのはやはり緊張した。きっと私がゲイであることは、ほとんどの人に知られているだろう。厳しい態度を取られることを想定し、腹をくってのぞんだ。

同窓会に参加してすぐのこと。久しぶりに会った同級生に言われた言葉が、「お前、ガチでホモだったのかよ、俺のことは掘るなよ」だった。中学生だった頃、自らも同性に対する過度なスキンシップから「ホモ」といった言葉でいじられることが多く、自分でもむしろ積極的に笑いにしていた節もある。このときも、単なる笑い話の一つとして言われたにすぎない。それでも、喉元をグッとしめられたように息が詰まった。「そうそう！　ガチだよ！」と、笑いながら返す。向こうも特に気にしてはいない。

この間を振り返ってみるに、私はいくつもの「運命の分岐点」を通ってきたのだと実感する。

もし父が、息子がゲイであることをまったく受け入れられなかったら？　幼なじみやその家族が差別的な考えの持ち主だったら？　それぞれの関係性は一体どうなっていただろうか。実家どころか、二度と地元に戻れなくなっていたのではないか。

彼は私だったかもしれない——。

二〇一六年、アウティングによって一人のゲイの大学院生が転落死した「一橋大学アウティング事件裁判」が報道されて以降、性的マイノリティの当事者が、亡くなった大学院生に自分自身を重ねる少なくない語りを見かけた。なぜ「もしかしたらあのときの私も」と記憶を重ねるのか？　それは、アウティング被害がそれだけ当事者にとって身近な事象であり、かつ、生と死が交差する紙一重な瞬間であること、そして、たまたまその「分岐点」を乗り越え、これまで生き残れたにすぎないという想いを表しているのではないか。

アウティングがおこなわれたとき、たいした被害にならないこともあれば、命の危機につながることもある。まさに運命の分かれ道。この綱渡りな現状の背景には、ジェンダーやセクシュアリティに関する規範が社会の制度や意識にいかに根を張り、「あたりまえ」や「ふつう」と呼ばれる枠から外れるや否や、差別や偏見によるさまざまな不利益を被りかねないという構造的な問題がひそんでいる。

なぜ、尊い一人の命が失われなければならなかったのか。なぜ、性的マイノリティの当事者はこの綱渡りな状況を生き続けなければならないのか。そもそもなぜ、性的指向や性自認にかぎらず、機微（センシティブ）な個人情報を暴露することが「命」の問題につながるのか。

同じゲイの当事者であり、性的マイノリティに関する情報を発信してきたライターの一人として、この本では、自身の実体験や、これまで取材してきた性的マイノリティ当事者の経験、アウティングをめぐる各種報道などをベースに、「アウティング」という問題について私なりに整理した。

一橋大学アウティング事件によって、この問題に世間からの注目が集まり、結果的に私も執筆に至った。しかし、多くの社会課題に言えることだが、誰かの命が失われ、象徴的な事件が起きなければ、こうした被害の実情や問題に焦点が当てられない現状に憤りを覚える。一橋大学での事件が起きる以前から、アウティングによる深刻な被害はたくさん起きていた。いままさに、多くの性的マイノリティの当事者が、それぞれの運命の分岐点に立っている。

これ以上、命が失われないために、何ができるのか――。

アウティングとその背景にある問題を紐解く入口として、まず、「ことの始まり」となった、一橋大学アウティング事件の経緯から振り返ってみたい。

あいつゲイだって　目次

【凡例】

・注釈は章ごとの通し番号を〔　〕で行間に入れて各章末にまとめた。

・引用文中の〔　〕はすべて著者による補足である。

第一章

一橋大学アウティング事件――経緯

「おれもうおまえがゲイであることを隠しておくのムリだ。ごめんA」

これは、一橋大学大学院のロースクールに通うAが「ゲイであること」を、同級生のZがクラスメイト九人のLINEグループに送信したメッセージだ。当時二五歳だったAはこの後、二〇一五年八月二四日、一橋大学の校舎から転落死した。

翌二〇一六年、Aの遺族がアウティングをした学生Zと一橋大学に対し損害賠償を求めて提訴。同年八月五日に東京地裁で開かれた第一回口頭弁論を取材したBuzzFeed Japanの報道によって多くの人に知られることになった。

私もこの記事を通じて事件を知った一人だ。当時、都内の大学に通うゲイの当事者の一人として、同年代の同じセクシュアリティの当事者が亡くなったことを知って血の気が引いたのを覚えている。のちに、亡くなったAが生まれ育った地が、私の出身と同じ名古屋市であることを知る。他人事には思えなかった。

「一橋大学アウティング事件」――一人のゲイの命が失われた一連の事件と裁判によって、アウティングをめぐる社会の状況は大きく変化した。一体、そこで何が起きたのか。各社の報道などから、まずは事件の経緯を振り返りたい。

告白

亡くなったAとアウティングをしてしまった学生Zの関係性や、Aが亡くなるまでの経緯については、BuzzFeed Japan の記事「一橋大ロースクール生『ゲイだ』とバラされ転落死　なぜ同級生は暴露したのか」（渡辺一樹記者）などが詳報している。[1]

二人は二〇一四年一月の一橋大学ロースクール入学前のオリエンテーションで知り合った。ロースクールは司法試験を受けるための専門大学院で、一橋大学大学院のロースクールは四〇人程度のクラスが二つのみ。模擬裁判などチームに分かれて共同作業をする機会も多く、行動を共にする時間が長いため、クラスの親密度は大学というより高校までの雰囲気に近いという。

二人はクラスも選択コースも一緒で、食事も頻繁に共にしていた。Zは二〇一五年一月にAから「大きすぎたので着ていない」とコートをもらい、そのお礼に朝が弱いAにZがモーニングコールをかけ、起こしてあげていたという。

その後、AはZのことを好きになり、二〇一五年四月三日、LINEで告白した。午後一一時過ぎのことだった。

「はっきり言うと、俺、好きだ、付き合いたいです」

「ひどい裏切りだと思う」

「ごめん」

「むちゃくちゃ言われてもいいから、返事もらえるとうれしいです」

「本当にごめん」

メッセージを受け取ったZくんは、返事をする前に、すぐさま共通の友人Bさん（女性）に連絡した。「他言しない」と約束してもらったうえで、「Aから告白された」と伝えた。

Bさんの意見は「告白が事実なら、友人としては好きだというような返事をするしかない」だった。

Zくんの、Aくんへの返事。

「おう。マジか。正直言うと、びっくりしたわ。Aのことはいい奴だと思うけど、そういう対象としては見れない。付き合うことはできないけど、これからもよき友達でいて欲しい。これがおれの返事だわ」

Aくんは「ほんとありがとう」と返した。

そして、突然の告白を謝った。

「ずっと言おうとおもってて、勇気が出なくてずっと言えなかったんだ」

「俺のこと好きにはならないって頭では分かってても、ちょっとでも可能性ないかと思うとLINEとか送っちゃって、最近はひどかったと思う」

「こんなこと言って申し訳なかった」

「ちゃんと諦めるからまた飯誘ったりとかして気が乗ったら来てくれたら嬉しいっす！」

「キモいとか思うんだけど、悲しいけどすげー嬉しかった」

Zくんは次のようなアドバイスを送った。

「いや、全然キモいとかそういうのはないよ。世の中には一定数同性のこと好きになる人はいるわけだから」

「趣味の違いの一種みたいなもんでしょ。そんな自分のこと卑下しないで前向きに趣味の問題くらいに捉えた方がいいと思う。おれはちょっと期待に応えられないけど、今後も同性の人好きになったとしてもあんまり自分のこと責めたりするのは必要ないのではないかとは思うよ。うん。長くなったけどそういう感じで」

Aくんは、感謝した。

「うん、ありがとう」

「ずっと悩んでて、どうしてこんななっちゃったかっていつもおもってて」

「そう言ってくれると救われた気持ちになるわ……」

Zくんの返答。

「あと全然Aみたいに同性のこと好きになる人もいるから、LGBTで調べて」

「本読んだりしてみるといいと思うよ」

そして、Aくん。

「分かった」

「調べてみる！」

「一人で悲観しててもしょうがないすよね笑」

「Zに言えてよかった」


（「一橋大ロースクール生『ゲイだ』とバラされ転落死」）

ここまでのやりとりを見て、私はZの対応にむしろ好印象を抱いた。同時に、告白を断られつつも「キモいと思うけど嬉しかった」と言ったAの気持ちも、中学時代に同様の経験があったため痛いほど理解できた。

当時中学一年生だった私は、自分のセクシュアリティについて悩みながらも、親しくしてくれていた一つ年上の先輩にメールで告白したのだった。先輩はZと同様に、驚きつつも「恋愛対象としては見ることはできないが、これからも仲良くしたい」ということを伝えてくれた。実際にその後も関係は良好で、そのことはきっと、私自身が自分で自分のセクシュアリティを受け入れることができた大きなきっかけの一つになったのではないかと思う。先輩には感謝しかないし、救われた気持ちになったことを強く覚えている。

しかし、AとZの場合は「その後」が違った。運命は、最悪なほうへと分岐した。

LINEグループでのアウティング

Aが告白した三か月後の六月二四日、Zは、Aも含むクラスメイト九人がいるLINEグループに、冒頭のメッセージを書き込んだ。

「おれもうおまえがゲイであることを隠しておくのムリだ。ごめんA」

自分のセクシュアリティを、自分が入っているLINEグループで突然「暴露」される恐怖――。AはZのメッセージを受信した八分後に、「たとえそうだとして何かある？笑」と返信している。このメッセージを打つまでの八分間に、Aは何を思ったのだろうか。どんな気持ちでスマホのキーボードを打っていたのだろうか。

一方で報道によると、Zもアウティングに至るまでの三か月間、苦悩を抱えていたという。

Zくんは3月下旬ごろ、AくんがLINEで旅行先や桜の写真を送ってくるのを不可解に思っていた。また、Aくんから「おれのことが嫌いになった？」といったLINEメッセージを受け取って混乱した。

さらに4月2日早朝、Zくんが大学の研究室で勉強していると、Aくんがやってきて、「おれのことで何か悪い点があったとしても、いろいろ言われるのは辛いから、何も言わないでほしい」と泣き出した。Zくんは驚き、「わかった」といって立ち去った。

（同前）

Zは、Aとの接点を持たないようにしようと思った矢先に告白されたのだ。ZはAからの告白を断ったにもかかわらず「Aくんが『普通の友人以上』に連絡などをしてくることが『全く理解できず、大変困惑し、精神的に不安定になり夜眠れなくなっていった』。ストーカー行為などがあったわけではないが、Zが言うには「他の友人と一緒にハイキングに行こうと誘った」「友人とラーメン屋に行こうと話していたら、誘ってもいないのについてきた」「友人と司法試験予備校の講演会に参加しようという話をしていたら、Aくんも行くと言いだした」「学校のラウンジで話しかけてきた。『うん』『そう』と返事をしていたところ、頭を抱えて『うあー』と声を出した。腕の付近に触れてきたので、『触るな』と告げた」「『今日香水強いかな』と言ってきた」などの言動があったという。

つまりZには、告白を断ったのに以前と同じように食事や遊びに誘ってくるAのことが「全く理解できなかった」。しかし、連絡しないでほしいと伝えると傷つけるかもしれないから、曖昧な返事をしていた。また、「一時期、『実は自分は同性愛者に対し偏見があるからA氏を避けているのではないか、とも考え、Aを避けている自分に問題があるのではないか、と思って苦しんだこともあった』」。そして「結局Zくんは、Aくんを避けるために、友人たちと距離を置くことになった。その理由を友人たちに話せず、孤独感に苛《さいな》まれていった」──。これがZ側の主張である。

もちろん、異性間であれ同性間であれ、告白を受け入れないことは何も問題ではないし、差別でもない。告白を受けて悩むということは、異性間であれ同性間であれ起こり得ることだ。第三者に相談したくなることだってあるだろう。しかし、いきなりLINEグループで暴露する以外に方法はあったのではないか。

Aは乙以外に、自らが「同性愛者であること」を明らかにしていなかった。同級生の同性愛者に対する差別的な言動を耳にしたこともあったという。そんなAが、乙からLINEグループでアウティングをされた。そのショックで勉強に手がつかなくなった。乙と会うと吐き気や動悸《どうき》などのパニック発作が出て、心療内科を受診するようになった。乙と鉢合わせするのを避けるため、授業や試験に出られなくなった。法科大学院の教授にクラス替えなどを求め、学内のハラスメント相談室にも相談し、ハラスメント対策委員会に申し立てる準備もしていた。

二〇一五年八月二四日、告白から約四か月。Aは模擬裁判に出席するため大学に行ったが、パニック障害の発作が起こり、午前一〇時頃、保健センターに連れていかれた。対応した保健センターの職員はAの置かれた事情をよく知っていたというが、Aが授業に出たいと言ったので、午後二時頃に授業に向かわせた。Aは途中で模擬裁判を抜け出し、LINEグループにメッセージを送信した。「これで最後にします」「いままでよくしてくれてありがとうございました」。午後三時過ぎ、Aは校舎六階のベランダ部分に手をかけ、ぶら下がっているところを発見されるも、救助が来る前に転落。搬送先の病院で亡くなった。

遺族には知らされなかった事実

この間、Aの身に何が起きたかを、遺族は知らされていなかった。遺族が大学に対して当時どのような対応をしたのかを聞いても、大学側は一切答えず、事情を知る同級生たちからの連絡もなかった。遺族はAの同級生と会うことも止められ、情報を遮断されていたという。

東京新聞の記事で、Aの父親は「病院の霊安室で息子の顔を見た時、何でだ、と頭が真っ白になった」と語っている。二〇一五年八月二四日の夕方、病院からの連絡で息子が校舎から転落したと知り、夜に駆け付けると、息子はすでに息を引き取っていた。翌二五日に大学関係者との面会で開口一番に告げられたのは、「ショックなことを言います。息子さんは同性愛者でした」という言葉だった。それを聞いた母親は「それが何なんですか?」と詰め寄った。[2]

母親はAからカミングアウトされていなかったが、大学でトラブルを抱えていたことは聞いていたという。Aは亡くなる直前に実家に帰省しているが、家族はトラブルの原因がアウティングにあることを知らなかった。両親が経緯を知ったのは事件から一か月後、息子のパソコンから資料を見つけたときだ。Aはそこに一連の事実を詳細に書き残し、ハラスメント相談室への提出書類などの資料も整理して保存していた。そこには「遺書」というタイトルの文書もあったという。

母親はAの生前、「つらいことがあったら言いなさいね、そしたらつらいことが半分になるから。楽しいことも言ってね、楽しいことが倍になるから」と言い聞かせてきたが、「でも、やっぱり性的指向というナイーブなところでは、そんな単純な問題じゃなかったんだろうな、と。親には言えなかったんだな」と後悔を語っている。しかし、「同性愛を苦にして」死を選んだわけではないと母親は信じている。Aのパソコンに残されていた遺書には、「僕はなにも恥ずかしいこと・行動をしていません。SNSで暴露されるようなことなのか疑問で仕方ありません」と書かれていたからだ。[3]

求めたのは「謝罪」

その後の証人尋問で、Aの父親は、大学側からの説明がなかったことが裁判を起こした理由の一つだと語っている。

Aがハラスメント相談室に相談に行っていたことから、どんな相談内容だったのかを教えてほしいと大学側に問い合わせると、「守秘義務」を理由に拒まれたという。Aの死後も、遺品から相談内容の写しが出てきたことから大学側に説明を求めたが、やはり回答は得られなかった。四十九日を過ぎて改めて説明を求めたところ、大学側が報告に来ることになったが、「弁護士を同席させる」と伝えたら予定はキャンセルになり、大学からの連絡は途絶えてしまった。父親は「隠蔽するようなことをされた。腹わたが煮え繰り返る」と語っている。[4]

また、口頭弁論後の記者会見では、遺族は報道機関に対し、「〔大学は〕同性愛者、うつ病、パニック発作についての知識・理解が全くなく、模擬裁判の欠席は前例がない、卒業できないかもしれない、などとプレッシャーをかけました」「クラス替え、留年の相談にも、真剣に対応してくれませんでした。亡くなった後の対応も、事実を隠そうとしているようで、誠意が感じられませんでした。一橋大学のことも許せません」、アウティングをしたZに対しても、「あの一言で息子の人生が変わったことが許せない。息子を死に至らしめたことが許せないです。家族の心の傷は癒やされない。自分のとった行動を理解して、きちんと責任をとり謝罪してほしいです」と語っている。[5]

すでに述べた通り、Aは生前、大学のハラスメント相談室に相談に行っていた。その際、クラス替えを求めるなど、大学による具体的な措置を希望していた。そして、同級生のZに求めたのはただひとつ、「謝罪」だったという。[6]

しかし、そうした対応がなされる前に、Aは校舎から転落死した。

[1] 以下、参考記事。

- 渡辺一樹「『ゲイだ』とばらされ苦悩の末の死　学生遺族が一橋大と同級生を提訴」『BuzzFeed News』二〇一六年八月五日
- 渡辺一樹「一橋大ロースクール生『ゲイだ』とバラされ転落死　なぜ同級生は暴露したのか」『BuzzFeed News』二〇一六年九月三日

[2] 奥野斐「『アウティングは不法行為』踏み込んだ司法判断を遺族切望　一橋大転落死訴訟25日に控訴審判決」『東京新聞 TOKYO Web』二〇二〇年一一月二一日

[3] 伊吹早織「『兄が生きたかもしれない世の中』が見たいから。社会を動かしたある事件の遺族が、きょう願うこと」『BuzzFeed News』二〇二〇年一一月二五日

[4] 「ゲイ暴露『一橋大アウティング事件』で証人尋問　大学の責任めぐり遺族ら6人が証言」『弁護士ドットコムニュース』二〇一八年七月二五日

[5] 渡辺一樹「『ゲイだ』とばらされ苦悩の末の死　学生遺族が一橋大と同級生を提訴」『BuzzFeed News』二〇一六年八月五日

[6] 渡辺一樹「一橋大ロースクール生『ゲイだ』とバラされ転落死　なぜ同級生は暴露したのか」『BuzzFeed News』二〇一六年九月三日

第二章

アウティングとは何か

アウティングという行為

「はじめに」で触れたように、「アウティング」とは、本人の性のあり方を同意なく第三者に暴露する行為を指す。一橋大学アウティング事件でAが亡くなるきっかけとなったように、性的マイノリティの当事者にとってアウティングは非常に危険な行為だ。

一方で、この言葉は、当事者による運動の戦略として使われてきた側面もある。特に一九八〇年代から九〇年代初頭にかけてのアメリカでは、主にゲイの活動家たちが性的マイノリティの権利保障に反対する当事者の議員や宗教指導者などをアウティングすることがあった。

一九九〇年にＴＩＭＥ誌に掲載されたウィリアム・Ａ・ヘンリー三世のコラム *Ethics: Forcing Gays Out of the Closet*（同性愛者をクローゼットから追い出す）には、次のように書かれている。

遅々として進まない同性愛者の公民権法の制定や、エイズの流行に対する政府の無関心に苛立ちを覚える同性愛者の活動家たちの中には、「クローゼットから人を引きずり出す」という道徳的権利を主張する者が増えている。

当事者の中でも、アウティングを運動の手法として用いることを疑問視する声があったと指摘されているが、エイズ禍《か》においては、今日の日本で語られるような「アウティング」の文脈とは必ずしも一致しない複雑な政治性があったことは留意する必要がある。

同時代、日本でも相手のセクシュアリティなどを暴露するという行為自体は起きていた。しかし、当時から活動する複数のアクティビストに話を聞いてみたところ、八〇年代当時のアメリカの動きから「アウティング」という言葉を知りつつも、実際に言葉として使われるのを聞くようになったのは九〇年半ば以降という声が多かった。

私自身がはじめて「アウティング」という言葉を知ったのは、二〇一四年、大学二年生の頃だったと記憶している。当時、大学の性的マイノリティ当事者が集うサークルに所属していたが、そこでは「アウティングをしないよう注意が必要だ」と呼びかけられていた。やはり当事者の中では、生活の言葉としてアウティングという表現が出てくることがあったのだ。

そのサークルに所属する学生の中に、クラスやバイト先など、サークルの外で自分の性のあり方を周囲にカミングアウトしている人はほとんどいなかった。同じような当事者とのつながりがほしい一方で、大学構内で当事者同士が会えば、自分のクラスや他のサークルの性的マイノリティではない友人にバレる可能性がある。そうした点からも、プライバシーに関する情報の取り扱いは非常にセンシティブだった。

例えば、サークルでランチ会を開催するときは、使用する教室の扉に、性的マイノリティが集うサークルであることがわからないよう名前を偽って張り紙を出した。学外で飲み会をする際は、必ず個室のある居酒屋を選んだ。もし大学構内でサークル生同士が仲良くしているのをクラスや別のサークルのメンバーに見られて「何の友達?」と聞かれたらどう答えるか、お互いの共通の趣味をもとに「同好会」ということにしておこう、といった話し合いがおこなわれたこともあった。

大学公認のサークルの場合は、大学側に代表となる一部メンバーの名前を提出しなければならないが、大学に自身の性のあり方を知られたくない人にとっては当然、所属していることを知られたくない。誰の名前を書くかも議論されていた。他にも、飲み会などでは基本的に写真は撮らないことが多かったし、撮るとしてもSNSに投稿しても良いかどうか、本人への確認を徹底していた。

それほどまでに、性的マイノリティ当事者が集うことには多大な注意が払われていたのである。「アウティング」という概念を知らなかったとしても、多くの当事者からすれば、勝手に暴露されることの危険性は日々、肌で実感されていることなのだ。

私も「アウティング」という言葉を知ったとき、それが単なる「秘密の暴露」にとどまらない行為であることを承知していたし、わざわざ「アウティング」という枠組みで語られることにも違和感を持たなかった。それは、「はじめに」で書いたように、私自身がアウティング被害を経験していたからだろう。

データでみる被害

NPO法人虹色ダイバーシティと国際基督教大学ジェンダー研究センターがおこなった調査によると、アウティング被害の経験者は、LGB他（同性愛者や両性愛者など）の二七％、トランスジェンダーの三七・六％にあたる。[1] 他にも、ライフネット生命委託の宝塚大学看護学部、日高庸晴《やすはる》教授による調査では、性的マイノリティのうち二五・一％がアウティング被害を経験していた。個別に見てみると、トランスジェンダー男性のアウティング被害割合が五三・六％と最も高く、次いでトランスジェンダー女性が四六・三％、レズビアンが三四・九％、ゲイが二五・五％だった。[2]

日高教授は、自身のおこなった調査結果について、メディアの取材に対し「全体で25％のアウティング被害経験というのは、これだけの1万人規模の調査で明らかになったのが初めてだが、まだまだ小見積もりだという可能性はあると思う。実際に自分がそういう風に言われているということが耳に入らないと、この項目の回答につながらない。実際にはご自身が知らないところでも言われてしまっている可能性がある」と語っている。[3]

そもそも、性的マイノリティの多くが周りの人にカミングアウトしていない、または一部の人にしか伝えていない現状であるからこそ、アウティングが「問題」になる。厚生労働省（以下、厚労省）委託の性的マイノリティに関する職場実態調査によると、職場で誰か一人にでもカミングアウトしているという性的マイノリティの割合は、レズビアンの八・六％、ゲイの五・九％、バイセクシュアルの七・三％、トランスジェンダーの一五・八％だった。つまり、カミングアウトしているのはたった一割程度で、残りの九割の当事者は「誰にも伝えていない」ことになる。[4]

性的指向と性自認

アウティングやカミングアウトをめぐる調査では、いずれもシスジェンダーのゲイやレズビアン、バイセクシュアルよりも、トランスジェンダーの割合が高くなる。この違いは、ＬＧＢ（レズビアン・ゲイ・バイセクシュアル）などが「性的指向」に関するマイノリティであり、Ｔ（トランスジェンダー）が「性自認」に関するマイノリティであることから生じるものと言えるだろう。なお、「シスジェンダー」とは出生時に割り当てられた性別に違和感がなく、性自認が一致し、それに従って生きる人のことを指す。また「性的指向」という言葉は「Sexual Orientation」、「性自認」は「Gender Identity」の訳語として使われていることを押さえておきたい。

「性的指向」と「性自認」について、それぞれ詳しく見ていこう。

まず「性的指向」は、恋愛や性的な関心がどの性別に向くか、向かないかを表す概念で、基本的に外からは見えない。普段の何気ない会話から婚姻制度まで、この世の中は多くの場面で「異性愛」が前提とされている。男性が女性のようなふるまいをしていることを「ゲイ」に結び付けるステレオタイプもある。しかし本来、相手がどの性別の人に対し恋愛感情や性的な関心を持ったり、持たなかったりするのかは、外見からはわからない。

恋愛やパートナーに関する事柄など、特定の話題やコミュニケーションにおいて、ゲイやレズビアン等であることをカミングアウトする場合もあれば、あえて異性愛者であるように装うこともある。現実的には、多くの当事者が隠しているのが現状だ。

また、異性愛か同性愛かという点だけでなく、そもそも他者に恋愛や性的な関心を持つかどうかという点も外からは見えにくい。他者に恋愛的な関心を持たない人を「アロマンティック」、他者に性的な関心を持たない人を「アセクシュアル」というが、こうした人々の多くも性のあり方を隠している現状がある。同性愛者や両性愛者であることが周囲にバレることで「気持ち悪い」と言われたり、侮蔑《ぶべつ》の対象になったりすることは想像しやすいが、アロマンティック・アセクシュアルの当事者も、「人間として冷たい」と言われたり、「病気なのではないか」といった言葉の暴力を受けたりすることがある点はあまり知られていない。そもそもカミングアウトしたり、アウティングされたりしてしまった場合に、「気のせいでは」「まだ良い人に出会っていないだけだよ」と言われるなど、本人のアイデンティティがまともに受け止められず、矮小化されてしまうこともある。

自身の性別をどのように認識しているかという「性自認」に関しても同様のことが言える。出生時の性別と性自認が一致していないことは、性的指向と同じく見えにくい。しかし、一方ではそれが、本人の日常でのふるまいや表現につながることも多いため、外からわかりやすい側面もある。これが先ほどの数字上の違いとして表れてくるのだろう。

具体例を三つあげてみる。生まれたときは「女性」として性別を割り当てられたが、現在は女性でも男性でもない、どちらとも言い切れないなどの「Xジェンダー」や「ノンバイナリー」だと認識しており、しかし、周囲からは常に「女性」として認識されることに苦痛を感じている人の場合、その人の性自認は外見からは判断できない。にもかかわらず、周囲の人々は憶測で相手を「女性」だと決め付けていることになる。

次に、もしこの人の性自認が「男性」であり、より男性らしいとされるような服装や言動などを実践していくとなった場合、その人のことを「女性」だと思い込んでいる周囲の人々からは、そのふるまいの変化に疑問を持たれるかもしれない。ホルモン療法などで徐々にひげが濃くなり、声が低くなるなどの変化から、周囲の人に対しカミングアウトする必要性が生じてくることもあるだろう。

最後に、現在は「男性」として生活しており、周囲からも「男性」として認識されているが、法律上の性別は「女性」という人の場合は、今度は性自認ではなく「出生時の性別」のほうが見えにくいということになる。

いずれも、最初の例では「Xジェンダーであること」、次の例では「性自認が男性であること」、最後は「出生時に割り当てられた性別が女性であること」が他者からは見えにくい。そして、これらの情報を勝手に第三者に暴露することは「アウティング」にあたる。

言葉自体が知られていない

「アウティング」という言葉は、一橋大学アウティング事件をきっかけに一般的に知られるようになったが、依然その認知度は低い。

前述の厚労省委託調査によると、性的マイノリティの知人がいないというシスジェンダー・異性愛者のうち、「アウティング」という言葉も意味も知っている人はたった六・七％だった。言葉は知っているが意味は知らないという人を合わせると一五・七％になる。性的マイノリティの知人がいるシスジェンダー・異性愛者の場合、言葉も意味も知っている人は一五・四％、意味は知らないという人まで含むと二九・五％になる。性的マイノリティであることを明らかにしている当事者が身近にいるかいないかで、二倍近くその認識率が異なるのだ。しかも、それでもなお、認識率は三割に満たない。[5]

一方で、言葉自体は知らなくても、カミングアウトを受けたときに、本人の性のあり方を勝手に暴露してはいけないということは、性的マイノリティではない人も含め、多くの人が認識を共有しているようだ。同調査では、「職場の人から『性的マイノリティである』と伝えられたとき、その事実や内容を第三者に伝えることについてどのように考えるか」という質問に対し、性的マイノリティもそうでない人も、いずれも八〜九割が「第三者には伝えるべきでない」「本人からの明示的な許可がない限り第三者に伝えてはいけない」と答えている。[6]

ただ、「第三者には伝えるべきでない」という回答を比べてみると、シスジェンダーのゲイが三七％と最も高く、次にトランスジェンダー、シスジェンダーのレズビアン、シスジェンダーのバイセクシュアルと続く。そして、シスジェンダー・異性愛者、つまり性的マイノリティではない人が最も低い。アウティングをセンシティブに感じているかどうかの度合いは、その危険性を日頃どれほど肌で感じているかによって違ってくるのかもしれない。

アウティングはなぜ「問題」なのか

一橋大学アウティング事件の地裁判決では、原告の請求は棄却。アウティングが不法行為かどうかについては一切触れられない判決となった。一橋大学側の責任も問われることはなく、その判決自体、アウティングが「問題」となる背景にある、性的マイノリティを取り巻く社会の差別や偏見を温存し続けるものだった。

この点について、首都大学東京子ども・若者貧困研究センター特任研究員（当時）の川口遼《りょう》氏は、「性的指向に関する問題は、それが異性愛規範を背景とするハラスメントとして立ち現れても、まさにその異性愛規範ゆえにしばしば私的で個人的な問題と認識される」点が本質的に表れていると指摘している。[7] これはどういうことか。

例えば、Aから相談を受けた法科大学院教授は、Aに対し、自身の失恋経験を踏まえてアドバイスしている。また、ハラスメント相談室の担当者は、Aの訴えから、Aが両親にカミングアウトできない悩みを聞き取り、心理学的な対応をとることを勧めている。つまり、これらの点から、「アウティングの背景にあった異性愛主義的な社会構造（学内の文化や環境も当然含む）は等閑視され、Aさんの被害は、彼自身の個人的な悩みへと矮小化され」たことが読み取れる。

この川口氏の指摘こそ、まさに、なぜアウティングが「問題」なのか、なぜ一橋大学アウティング事件が起きてしまったのかを物語っているように思う。

なぜ、アウティングが起きるのか？　それは、社会の至る所でシスジェンダー・異性愛が前提とされ、そうでない人々がいない、いないことにされているからだろう。

なぜ、アウティングが「問題」になるのか？　それは、この社会に性的マイノリティに対する差別や偏見が根強く残っており、「いないこと」にされている当事者の性のあり方が暴露されることで、不利益につながる可能性があるからだろう。

アウティングされたことで、友人から「気持ち悪い」と縁を切られた、家族から否定的な言葉を受けて家が安全な場ではなくなった、入社直前に内定を切られた、同僚から無視されたり不審な目で見られたりするようになった、飲み会でハラスメントを受けるようになった……。暴露のあとに生じる不利益をあげればキリがない。

一〇代の性的マイノリティの約半数がいじめ被害を経験し[8]、職場では当事者の半数程度が困難を抱えている[9]。二〇一九年におこなわれた性的マイノリティに関する全国意識調査によると、自分の子どもが同性愛者や性別を変えた人だった場合、「いやだ」と思う人は約六割に上った。

同僚の場合は、約三割が「いやだ」と回答している[10]。

こうした社会の中で安全に生き抜くためには、つまり死なないためには、規範的ではないとされる自身の性のあり方に関する情報をうまくコントロールしなければいけない。それを勝手に暴露されることは、身の安全が脅《おびや》かされ、プライバシーが侵害されるのみならず、文字通り居場所を、場合によっては命までをも失うことにつながりかねない。

さらに、性的マイノリティの存在が「いないこと」にされている現状では、前述したような差別や不利益自体も「存在しないこと」にされてしまう。結果として、一橋大学アウティング事件における大学側の対応に見られたように、Aの身に起きた「被害」は、シスジェンダー・異性愛の人の失恋経験と同等の経験として、まさに取るに足らない個人の問題へと矮小化されてしまったのだ。

[1] 特定非営利活動法人 虹色ダイバーシティ・国際基督教大学 ジェンダー研究センター『niji VOICE 2019』二〇二〇年一月

〔2〕『宝塚大学看護学部日高教授　第2回LGBT当事者の意識調査（ライフネット生命委託調査）』二〇二〇年八月

〔3〕以下、参考記事。

●「アウティング、25％が経験　性的少数者1万人調査」『日経新聞電子版』二〇二〇年一〇月二八日

●「性的指向などを暴露する『アウティング』、約4人に1人がされた経験 大学教授『まだ小見積もりな可能性ある」』『ABEMA TIMES』二〇二〇年一〇月二九日

〔4〕三菱UFJリサーチ&コンサルティング『令和元年度 厚生労働省委託事業 職場におけるダイバーシティ推進事業 報告書』二〇二〇年三月、一五八頁

〔5〕前掲〔4〕一二二頁

〔6〕前掲〔4〕一五七頁

〔7〕川口遼「一橋大学アウティング訴訟——大学の不作為とは何だったのか」『世界』第九二〇号、岩波書店、二〇一九年五月、二七〜三〇頁

〔8〕前掲〔2〕

〔9〕前掲〔4〕一七八頁

〔10〕釜野さおり＋石田仁＋風間孝＋平森大規＋吉仲崇＋河口和也『性的マイノリティについての意識：2019年（第2回）全国調査報告会配布資料』二〇二〇年、JSPS科研費（18H03652）「セクシュアル・マイノリティをめぐる意識の変容と施策に関する研究」（研究代表者 広島修道大学 河口和也）調査班

第三章

繰り返される被害

一橋大学アウティング事件は、それが社会に与えた影響を鑑みても、アウティングという問題の深刻さを象徴するような事件だった。しかし実際のところ、アウティングをきっかけとした差別的取り扱いやハラスメント被害は、さまざまな場面で起きている。この章では、すでに報じられているものや私が取材した範囲からいくつかの事例を紹介したい。

大阪の病院で起きたケース

一つ目は、性別を変えたことを勤務先の病院でアウティングされ、その後、同僚などからの言動により精神的な苦痛を受けた女性が、二〇一九年八月末、病院側に損害賠償を求めて提訴したケースだ。[1]

報道によると、原告は、出生時は「男性」と性別を割り当てられたが、二〇代で性別適合手術を受け、二〇〇四年に法律上の性別も「女性」に変更した。翌二〇〇五年には家庭裁判所に申し立て、名前も変更した。男性と結婚もしている。

大阪府内の病院で看護助手として働き始めたのは二〇一三年一〇月から。しかし、就労し始めて約二週間後、上司の看護部長から「男性だったこと」を職場で明かすよう要求された。原告は「すでに戸籍も体も変わっているし必要ないのでは」と伝え、これを拒んだが、上司は医療に携わる者同士だから問題ないとし、十数人の同僚の前で勝手に暴露――つまりアウティングをしてしまった。

その後、同僚から女性更衣室を使うことを「気持ち悪い」と言われたり、下半身を見せるよう求められたりしたという。結婚して夫の姓に変わった際も中傷されるなど、精神的に追い詰められ、二〇一九年二月、病院のベランダから飛び降り自殺を図った。肋骨やかかとを骨折するなどの重傷を負い、治療とうつ症状で働けない状態になった。

原告代理人の仲岡しゅん弁護士は、提訴後の記者会見で「身体的にも法的にも原告は女性になっており、公表の必要はなかった」「原告にとっては消したい過去で、興味本位で話題にするのは問題だ」と語っている。原告側は本人の意に反して性別変更を明かすことは許されず、従業員への適切な指導も怠ったとして、病院を運営する医療法人に慰謝料などの損害賠償を求めて提訴した。

その後、訴訟の結果は報道されていないが、二〇一九年二月に大阪府茨木《いばらき》市の労働基準監督署がこの件について労災認定している。[2]

地方の高校で起きたケース

二つ目は、ある地方の高校に通う生徒のケースだ。[3]

江口優花さん(仮名)は同性と付き合っていた。ある日、友達がそのことを教員に暴露してしまい、その後、教員から「同性愛が他の生徒にうつる」などと言われ、クラスでの授業を受けることができなくなった。さらに親戚にもアウティングされ、家に帰れない日々が続いたという。二〇二〇年にその当事者を取材した。

江口さんは、仕事の関係で海外に住む両親のもとに生まれた。物心ついたときには自身を異性愛者だとは認識しておらず、「クィア」だと認識していたという。「クィア(Queer)」は、もともと「奇妙な」といった性的マイノリティを侮蔑的に表現する言葉だったが、現在では規範的ではないとされる性のあり方を包括的に表す言葉としても使われている。

江口さんは高校入学を機に単身で日本に帰国。地方の私立高校に入学した。高校一年生のときに、クラスの友人と恋バナをしていたところ、突然「彼氏いるの?」と聞かれ、付き合っている人がいることを伝えると、友人も会話から江口さんが付き合っている相手が異性ではない可能性を察したのか「彼氏じゃないでしょ」と言われ、カミングアウトしたという。友人たちは「別に良いんじゃない」とスムーズに受け入れたが、翌日、江口さんが学校に登校すると、教員に呼び出され「心当たりない？」と指導室に連れていかれた。友人の誰かが教員にアウティングをしてしまったのだ。

「誰が言ったかはわからない」という江口さんだが、ここから江口さんの高校三年間は大きく狂わされてしまう。

連れていかれた指導室には、教員と校長がいた。そこで江口さんは、「あなたが同性と付き合っているということが噂になっています。これは本当なの？」と聞かれた。江口さんが答えようとする前に「それは不純な交際だ」「普通じゃない」と言われたという。他にも、「同性愛が他の生徒にうつる」と感染症のように告げられ、「海外で育ったからクラスのみんなを『ソッチ側』に引きずり込もうとしているのでは」など散々なことを言われた。

教員からいま付き合っている人と別れることを強要されたが、江口さん自身は何も間違ったことはしていないと思っていたことからこれを拒否。すると、「江口さんが教室にいると他の生徒に悪影響だから」と、その日から別室で授業を受けさせられることになった。

さらに、教員は江口さんの友人からアウティングを受けてすぐ、江口さんが住んでいる親戚の家に電話した。つまり、江口さんの親戚にまでアウティングをしたのだ。その事実を告げられたときのことを、江口さんは「あ、今日から家に帰れないんだなとすごくショックだった」と語っている。

江口さんが住んでいた親戚の家は「男性」が大切に育てられる家庭で、女性は「女の子なんだから料理を手伝いなさい」「洗濯物を干しなさい」と強要されるなど、性別役割分担意識などのジェンダー規範が非常に強かったという。そのため、教員からアウティングされてしまい、何が起きるかわからないと恐怖を感じた江口さんは、その日から家に帰ることができなくなった。カプセルホテルに泊まる日々が続いた。

この間、親戚から特に連絡はなかった。教員からアウティングがあったときのことについて、親戚は「優花をどうにかしてほしい」と語っていたと、江口さんはあとから聞いたという。この「どうにかしてほしい」という言葉は、江口さんと付き合っている人を別れさせろという意味だったのではないか、それもあって教員は江口さんを別れさせようとしたのではないか、と江口さんは考えている。

友人たちの中には信頼できる人もいたことから、なんとか学校には通い続けたが、朝五時から飲食店でアルバイトをし、そのあと学校に登校、夕方も塾で働く日々が続いた。稼いだお金はホテルの宿泊代に消えた。アルバイト先で一晩過ごす日もあった。

学校では、お昼の時間だけでもと友人と教室でランチを食べようとしたが、教員に止められた。スクールカウンセラーに相談しようとしても阻止され、挙句の果てには「同性愛を治さないと進級させられない」「卒業させられない」と脅《おど》された。

さらに修学旅行では、クラスメイトは自由に宿泊の部屋割りを決めている中、江口さんだけは「クラスで一番ボーイッシュな女子」との相部屋にさせられたという。江口さんは教員からレズビアンだと思われていたようで、女性らしい人同士が付き合うのがレズビアンというイメージから、「ボーイッシュな女子」と相部屋にすれば良いと思ったのだろう、と語る。宿泊先のホテルでは大浴場にも入れなかった。

こうした仕打ちについて江口さんは、「多分、先生たちは私をフツウの人に矯正させたかったんだと思います」と振り返る。

もともと成績が優秀だった江口さんだが、朝晩はアルバイト、夜はカプセルホテルに宿泊、そこから学校に通うような生活を続けていれば、自ずと学力も低下していった。眠れないことも多く、途中からはうつのような症状も生じていたという。学校の前まで行くのだが、どうしても中に入れず、近くの映画館に逃げる日もあった。友人のサポートや、唯一味方をしてくれた教員の支えを受け、なんとか日々を乗り切れたというが、「ほぼ毎日学校やめたいなと思っていました。死にたいと思ったときもあります」と語る江口さんの言葉は重い。

しかし、「もしここで学校をやめたら、私を排除したい先生たちの思惑通りになってしまう」。そんな江口さんが卒業できたのは、「卒業して将来見返してやろう」という気持ちや、一緒に卒業したいという友人の存在があったからだ。卒業後すぐ江口さんは就職をし、働き始めた。現在は大学入学を目指して勉強中だ。

「良かれと思って」の落とし穴

大阪の病院で起きたケースも地方の高校で起きたケースも、アウティングされたあとの対応は、いずれも言語道断の「ハラスメント」であり、「差別的取り扱い」だったと言える。

ただ、「アウティング」という行為に関してだけ見てみるとどうだろうか。

大阪のケースでは、アウティングをした看護部長がどういった意図で暴露したかは定かではないが、「医療に携わる者同士だから問題ない」という認識から、むしろ良かれと思って同僚に共有した可能性はあるかもしれない。

江口さんのケースも同様に、最初にアウティングしてしまった友人は、江口さんが同性と付き合っていることをスムーズに受け入れた友達の一人で、友人の恋愛に関する話を嬉々として教員に伝えたかっただけかもしれない。

教員から親戚へのアウティングは、教員側の差別的な意識が見えるため明らかに「悪意」があったと言えるが、生徒に関する「噂」を先生が生徒の保護者と共有したり、相談したいと思ったりすること自体は、きっと珍しくないだろう。

この二つの事例以外でも、「良かれと思って」のアウティングが深刻な被害につながってしまうケースは少なくない。最近ではこんな事例も聞いた。

地方出身のあるレズビアンの女性は、社会人になってから高校時代の先輩にカミングアウトした。先輩は好意的に受け止めてくれて、その後も親身に相談に乗ってくれた。あるとき、女性が転職先を探していたところ、先輩が知人の飲食店を紹介してくれたため、そこで働くことになった。しかし先輩は、「良かれと思って」女性がレズビアンであることを飲食店の店長にアウティングし、その後、店長も店の客にまで広めてしまった。女性は客からセクシュアリティを嘲笑され、差別的な言動を受けるようになった。さらには、飲食店情報サイトの口コミ欄で、女性のフルネームとレズビアンであることが書かれてしまったという。女性はショックで働けなくなり、地元中に自身のセクシュアリティが知られてしまうことへの恐怖から、結果的に地元を離れざるを得なくなった。

このように、アウティングをした意図が善意であれ、悪意であれ、その先にいる人たちが性のあり方の多様性について適切な認識を有しているかどうかは、残念ながら定かでない。実際に、大阪の病院のケースではその後ひどいハラスメントがあったし、江口さんのケースでは教員から差別的取り扱いがあり、親戚への暴露などにより「命」まで脅かされる危機的状況につながってしまっている。地方出身のレズビアンの女性は客から嘲笑され、口コミサイトで地元中にアウティングされ、引越しを余儀なくされた。

職場におけるアウティング

職場でのケースについてもう少し細かく見ておこう。職場でアウティングが起きてしまうシーンはきわめて多岐にわたり、誰も意図しない場面で起きてしまうこともある。

例えば、同僚社員から「バイセクシュアルである」とカミングアウトを受け、その後の飲み会などで「あいつ実はバイなんだって」と暴露してしまうようなシーンは簡単に想像できる。あるいは、同僚に「レズビアンであること」を伝えると、後日「上司に伝えておいたよ」と、良かれと思って勝手に暴露されている、といったケースもあるだろう。

近年は、職場の福利厚生制度で、同性パートナーにも結婚休暇の取得やお祝い金の受給を適用する企業も増えてきたが、周囲にカミングアウトしていない当事者の場合、制度を利用するために上司にカミングアウトした結果、勝手に人事にその情報が共有されてしまうケースも報告されている（逆に人事が上司へ暴露してしまうパターンもある）。

「人事への情報共有時」は、特に企業で働くトランスジェンダーに対するアウティングが起きやすい場面でもある。「パワハラ防止法（改正労働施策総合推進法）」でも、性的指向や性自認を「機微な個人情報」とし、プライバシー保護が求められることを特記している。特に人事の情報など、各種社内手続きの中での個人情報の取り扱いには細心の注意が求められる。具体的には次のような例が考えられる。

- エントリーシートや履歴書に記載された性別、卒業校（特に女子校・男子校など）の情報を取得・共有する際

- 履歴書等で性別を求めない場合でも、入社時の社会保険等の手続きのために公的な証明書を要求し、性別情報を取得・共有・管理する際
- 定期健康診断時に、外部の健診機関と情報共有する際　等

こうした場面でアウティングが生じないよう、あらかじめ本人に確認しておくことが企業側には求められる。たとえ悪意がなかったとしても、「良かれと思って」のアウティングが起こり得ることは強く認識しておくべきだろう。

なお、こうしたアウティングは、性的マイノリティ当事者の社員同士でカミングアウトする際にも起こり得る。もちろん当事者同士のほうが、カミングアウトした際の周囲の反応を身をもって感じている可能性が高く、ハラスメントにつながるリスクも低い場合があるが、別の当事者へのアウティングにつながる可能性も一方では否定できない。当事者だからといって、必ずしも同じように不安や恐怖を共有しているわけではないからだ。そのため、「他の当事者社員からカミングアウトを受けたが、同じ当事者として二人をつなげたいので伝えてもいいか」といった本人への事前確認はやはり必要だろう。

トランスジェンダーの直面する困難

特にトランスジェンダーに関しては、想定されるケースがより複雑になる。例えば、法律上の性別や名前を変更している当事者が、「○○さんって実は元女性なんだって」という形でアウティングされてしまうことがある。ここではアウティングが問題であるのはもちろんのこと、「元女性」という表現についても加えて注意が必要であることを指摘しておきたい。

そもそも性別は、生まれたときに医師や助産師等により「男の子／女の子ですね」と判断される。それが出生届に記入される。それゆえ、法的にも社会的にも、性別は「割り当てられるもの」とも言われている。

だが、当事者によっては、それは「元」というものではなく、そもそも自分は女性／男性だ、あるいは、いずれにも当てはまらないのだ、と認識している人もいる。もちろん「元」という表現を使う当事者もいるが、シスジェンダー規範を疑うことなくこれを当事者ではない人が使うことは、場合によっては、当事者のアイデンティティを否定することになりかねない。

「良かれと思って」という観点では、例えば、ある人がこれまで職場で「男性」として働いてきたが、性自認が「女性」なので、今後は「女性」として働きたいと望んでいたとする。そのことを同僚や上司と共有し、さらにホルモン治療や性別適合手術を実施していくこと、名前や法律上の性別を変更することなども想定していると伝えた際、その同僚や上司が別の人に「〇〇さんは実は女性で、これから性別を変えるんだって」と、良かれと思って説明し、アウティングにつながってしまう可能性がある。

そもそもトランスジェンダーの場合、シスジェンダーの同性愛者や両性愛者よりも、カミングアウトが必要になりやすい。第二章で紹介した職場実態調査（厚労省委託）でも、職場で誰か一人にでもカミングアウトしているという性的マイノリティの割合は、ゲイ五・九％、バイセクシュアル七・三％、レズビアン八・六％に対し、トランスジェンダー一五・八％と高かった。[4] 二割に満たない数値ではあるが、それでもシスジェンダーのLGB等にとって「性的指向」が外から見えにくく、隠しやすいものである一方で、トランスジェンダーのほうが（もちろんシスジェンダーとしてふるまうこと＝見えにくいものではあるのだが）自身の「性自認」に沿って生きるとなったときに、カミングアウトが必要になる場面は多いのだ。

当事者の中では、自分の性自認に沿った性別で周りから認識されていることを「パス（通過）」していると表現し、その度合いを「パス度」と呼ぶことがあるが、性別移行中の当事者の場合は、見た目の変化に従ってカミングアウトが必要になることもある。

なお、「Xジェンダー」や「ノンバイナリー」と呼ばれる人たちは、既存の女性か男性という二元論に必ずしも当てはまらないため、往々にして、生まれたときに割り当てられた性別で扱われることを苦痛に感じている人も少なくない。もちろん、一人称（俺、僕、私など）や服装など、当人がどういった形のジェンダー表現をとるかは人による。見た目が中性的な人の場合は、周囲から「男と女どっちなんですか」といった二元論を前提にした質問を受けることも多い。

こうした人が「Xジェンダー」や「ノンバイナリー」であることをカミングアウトした際にも、アウティングにつながる危険性がある。例えば、Xジェンダーの当事者の場合は、トイレや更衣室、制服など、男女分けが前提とされている設備・制度を利用する際に、法的に割り当てられた性別を基に利用する場合もあれば、男女別のトイレがいずれも使いづらく、誰でもトイレや個室の更衣室を使いたいということもある。特に後者の場合は、会社や学校などの担当者にカミングアウトする必要性が生じてくるため、そこからアウティングにつながる可能性がある。

代名詞

どういったpronoun（代名詞）を使うかというのも重要なポイントだ。英語ではshe/her、he/himといった代名詞、日本語では「彼/彼女」という言葉があるが、シスジェンダーの場合は、生まれたときに割り当てられた性別に違和感がなく、she（彼女）やhe（彼）を使われることに困難を感じない。しかし、トランスジェンダーの場合、やはり事情は異なる。

例えば、出生時は「女性」として性別を割り当てられたが、現在は「男性」として生活しているトランスジェンダー男性の場合、「彼（He）」を使うこともあるだろう。Xジェンダーやノンバイナリーの人なら、男性や女性の二元論に当てはまらない言葉として、三人称複数の「they/them」を単数として使うこともある。アメリカの英語辞典『Merriam-Webster』が二〇一九年末に「they」を「今年の言葉」として発表したことは記憶に新しい。

日本語の場合、「彼/彼女」という代名詞を使う機会が英語に比べて多くはなく、「○○さん」や「あの人/この人」というように、そもそもジェンダーニュートラルな言葉が多い。しかし、トランスジェンダーの当事者に対して、例えばトランス女性を「彼」、トランス男性を「彼女」と呼んだり、Xジェンダーやノンバイナリーの人を本人の意思に反して男女二元論に則った代名詞で呼んだりすることは「ミスジェンダリング」と呼ばれ、本人のアイデンティティの否定につながる。

代名詞の問題がアウティングの問題と関係してくるシーンとしては、例えば、当初「女性」として入社した同僚から「トランスジェンダー男性である」とカミングアウトされたとき、当事者の従業員について第三者と話す際に、本人の意思を尊重して「彼」と呼ぶことで、当事者従業員を「女性」だと認識していた人たちから疑問に思われ、結果的にアウティングにつながってしまう場合が想定できる。この場合も、事前に本人にどう呼ばれたいかなどを確認しておくことが重要だ。それと同時に、なるべく普段からジェンダーニュートラルな言葉を使うよう心がけることも大切だろう。

特に英語圏では近年、シスジェンダーの人々も自身の代名詞をＳＮＳのプロフィール等に表示することが増えてきている。そもそも大多数の人は、普段から相手の身分証を要求し、法律上の性別を常々確認して生きているわけではない。例えば、顔も見たことがない営業先の相手からのメールの最後に書かれているフルネームを見て、女性か男性かを想像することがあるだろう。日常生活でも、写真や外見、ふるまい、名前などから勝手に性別を決め付けている状態だ。

だからこそ、シスジェンダーの人々も含めて、自分が使いたい代名詞を示すことで、相手の性別も決め付けず、性自認を尊重し、確認し合うような態度をより多くの人に促していける。

もちろん、まだまだトランスジェンダーに対する差別的な言動が根強く残る日本社会において、カミングアウトはリスクをともなう大変な行為であるのは変わらない。当事者が自身の代名詞を示すことには依然ハードルがあり、代名詞の表示を促すことが、カミングアウトのプレッシャーになる可能性もあるという点にも注意が必要だ。

カミングアウトとは何か

ここで、「カミングアウト」について改めて考えてみたい。
カミングアウトとは、主に性的マイノリティが自らの性のあり方を自覚し、他者に開示することを指す言葉だ。日本語訳は「出てくる、外に出る（come out/coming out）」であり、文化人類学者の砂川秀樹《ひでき》氏は「クローゼット（押し入れ）から出る」という、ゲイやレズビアンなどが使っていたスラングからきていると説明する。[5]
カミングアウトしていない状態のことを「クローゼットにいる（in the closet/closeted）」と表

現し、基本的に隠さない状態を「オープンにしている」と言う。私自身「オープンリー・ゲイ」という表現を用いることがあるが、この文脈からきている。カミングアウトという言葉が「クローゼットから出る」こと、性的マイノリティが「仲間のコミュニティへ出て行く」ことに由来することを考えると、砂川氏の言うようにそれは「自分の心のなかにしまうことというより、自分自身の全体に関わることであることを表している」と言えるだろう。

カミングアウトすることは、「いないもの」とされ続けてきた性的マイノリティの存在を可視化することにつながる。それは、一人ひとりの個別具体的なコミュニケーションから、社会の規範や制度に至るまで、あらゆる場面でシスジェンダーの男女二元論かつ異性愛を前提としてきた構造に亀裂を入れる政治的なおこないとも言える。

しかし、砂川氏も指摘する通り、「現在の日本で、『カミングアウト』という言葉は、誰かに対して、これまで話していなかった自分に関することを伝えること、特に、相手が予想していないようなことを伝えるという広い意味で使われている」[6]。差別や偏見がはびこる社会の中で、クローゼットから飛び出し、コミュニティへと出ていく行為を、つまり、自らの性のあり方を自分自身で受け止め、誰かに開示するという行為を、元の意味よりも広く「秘密の共有」という意味で使ってしまうことは、当事者が抱える問題の矮小化につながるのではないか。そんな懸念の声も少なくない。

本来であれば、その人の性的指向や性自認は、本人を構成する一つの要素にすぎないはずだ。しかし、カミングアウトという言葉が象徴しているように、このシスジェンダーの男女二元論かつ異性愛を前提とした社会の中で「性的マイノリティである」という情報を開示することは、相手との人間関係を突然、大きく変えてしまう可能性がある。

それまで「シスジェンダー・異性愛者であること」を疑われたことのない人は、「○○さんは異性愛者です」「○○さんはシスジェンダーの男性です」といった紹介をされることがないのだし、「シスジェンダー・異性愛者である」という属性に注目が集まることも、そこから何か特別なイメージを想起されることもない。それがこの社会のあたりまえだからだ。

そんな現状においてカミングアウトするということは、本人が望むかどうかにかかわらず、突如その人の名前の前に「同性愛者の」「トランスジェンダーの」といった枕言葉が付けられるようになることを意味する。突如、侮蔑の対象となったり、奇異な目で見られたり、常に特殊な属性として想起されるようになる可能性をはらんでいる。

セクシュアリティについて、「誰を好きになるかは勝手だ」と思う人もいるだろう。それは「どの性別に関心が向くか、向かないかの違い」であり、所詮「些末な話にすぎない」と思う人もいるだろう。確かにそうあるべきだ。にもかかわらず、社会はシスジェンダーの男／女かつ異性愛を前提につくられているため、そもそも「そうでない存在」が想定されていない。制度から取りこぼされ、いじめやハラスメントを受け、不利益を被っている人たちがいる現状すらないことにされている。

カミングアウトは、これまでふつうだと思われていた自分に対する周囲のまなざしを一変させる行為といっても過言ではない。単に相手の予想しなかった秘密を伝えるというレベルにはとどまらない行為なのだ。

だからこそ、カミングアウトは「信頼の証」だと言われることがある。前述の調査からもわかる通り、性的マイノリティの当事者の多くはカミングアウトしておらず、伝える相手も一部に限定している。例えば、トランスジェンダーの人が会社や学校などで通称名を使いたい場合や、書類の性別欄について問い合わせる場合など、実務的にカミングアウトが必要となる場合もあるが、基本的にはカミングアウトする上で「この人には伝えても大丈夫か」ということを繊細に気にかけている。なぜなら、カミングアウトした結果、拒絶されたり、ハラスメントの被害にあったり、差別的取り扱いを受けたりする可能性があるからだ。

裏を返せば、それでもわざわざカミングアウトした相手というのは、自分についてどうしてもこの人には伝えておきたいという想いがあり、その人なりの「信頼の証」と言える。

身を守るためのゾーニング

自分の性のあり方について伝える範囲を限定したり、コントロールすることを「ゾーニング」と表現することがある。

例えば、当事者によっては、家族や親族の中でも母と兄には伝えているが、妹や叔父、いとこには伝えていないといった具合に、カミングアウトしている人とそうでない人がいる場合が往々にしてある。他にも、職場の同僚の一部には伝えているが、上司には伝えたくない、学校で養護教諭やスクールカウンセラーには伝えているが、担任の先生には伝えていない、という場合もある。

この「ゾーニング」については、私自身、メディアで性的マイノリティを取り巻く課題について発信するようになってから特に考えるようになった。

二〇一九年にＬＧＢＴ関連団体の全国組織「ＬＧＢＴ法連合会」や有志の記者と共に「ＬＧＢＴ報道ガイドライン」を策定した際、取材する側だけでなく、取材される側の性的マイノリティの当事者に対しても、自身の情報についてどこまで公開するかを確認することをチェックリストに加えた。

例えば、地元や職場の人にはカミングアウトしていないという当事者が取材を受ける場合、掲載媒体がウェブメディアなのか、新聞なのか、テレビなのか、さらには別のニュースアプリに転載されるのかなどによって、そうした人たちにも見られる可能性が出てくる。新聞も、全国紙なのか地方紙なのかによって、いま住んでいる地域の人たちに知られる可能性がある。そのとき、自分の顔写真や本名、年齢、出身地などを掲載しても良いか、自身の情報をどこまで公開できるかを改めて整理することを勧めている。こうやって「ゾーニング」を考え、その範囲を整理していくことは、アウティングを避けるための重要な術と言えるだろう。

カミングアウトは人によっては勇気のいる行為で、ときにそれは「信頼の証」ともなると述べた。それ故に、一橋大学アウティング事件をはじめ、前述した大阪の病院や地方の高校のケースなど、その信頼が裏切られることで甚大な被害につながってしまうことがあるのだ。そして、すでに述べたように、アウティングに関しては、非当事者がアウティングをしてしまうことがまず想定されるが、当事者間でもアウティングの問題は起きている。同性カップル間のトラブルには、パートナーに対し職場や学校へ「ゲイであること」を暴露するぞといった脅し、の手段としてアウティングが使われることもある。カミングアウトは、それが「信頼の証」となり得るからこそ、諸刃の剣になってしまうこともあるのだ。

〔1〕例えば以下の記事など。
•村松洋「性別変更ばらす『アウティング』で勤務先病院を看護助手が提訴」『毎日新聞デジタル』二〇一九年八月三〇日
•大貫聡子「性別変更『同意なく明かされた』 勤務先の病院提訴へ」『朝日新聞アピタル』二〇一九年八月二九日
〔2〕大貫聡子「『SOGIハラ』で労災認定 性別変更した看護助手が精神障害を発症」『朝日新聞デジタル』二〇二一年九月一二日
〔3〕松岡宗嗣「『同性愛がうつる』と教室から追い出され、家にも帰れなくなった。10代の性的マイノリティが学校で受けた差別」『Equality Act Japan』二〇二〇年一月八日
〔4〕三菱UFJリサーチ&コンサルティング『令和元年度 厚生労働省委託事業 職場におけるダイバーシティ推進事業 報告書』二〇二〇年三月、一五八頁
〔5〕砂川秀樹『カミングアウト』朝日新書、二〇一八年四月、二五頁
〔6〕前掲〔5〕二四頁

第四章

一橋大学アウティング事件——判決

学生とは和解、大学との裁判は敗訴

一橋大学アウティング事件をめぐる裁判は、事件後に遺族がアウティングをした学生Zと大学を相手取り提訴してから、控訴審判決まで五年近く続いた。この章では、「一橋大学アウティング事件」のその後をたどっていきたい。

第一審は、二〇一八年一月に、遺族とアウティングをした学生Zの間で和解が成立した。[1] Aの父親はHuffPostの取材に対し「和解内容は言えませんが、私たちなりに納得をしたので和解に応じました」と答え、代理人の南和行《かずゆき》弁護士は「ご家族の悲しみや苦しみが尽きることはありませんが、裁判として一定の納得をすることができたので、ご家族はアウティングをした当事者との和解を決断しました」と語っている。[2]

しかし、遺族と大学側との和解協議は打ち切りとなり、裁判は続いた。

裁判ではアウティング発生前後とAが亡くなった日において、大学の安全配慮義務や教育環境配慮義務に関して争われていた。遺族は大学側がアウティングというハラスメントの防止対策をしていなかったことや、ハラスメント相談室が自死を防ぐ措置を講じなかったこと、パニック発作など自死の予測ができたにもかかわらず、模擬裁判の授業に出ることを止めなかったことなどについて問題だと訴えた。それに対し一橋大学側は「大学の対応に問題はなかった。個別の事故は防げない」と反論。一橋大学側は性的マイノリティも含むハラスメント防止の啓発をおこなっていることや、具体的なハラスメントの防止は現実的に不可能で、突発的な自死を予測することも不可能、専門の相談機関も紹介していたといったことを主張した。[3]

裁判の報告会で、南弁護士は「専門相談員は『ハラスメントというよりも学生委員会での対応が良い』と業務報告をしている。つまり、この件はハラスメントにはあたらないという見解だ」と語っている。また、相談員がAに対し「あなた自身が自分のことを堂々とすれば傷つかなくなるよ」とアドバイスした記録があるという。さらに、ロースクールの教授はAからの相談を受けて、メールでAとアウティングをしてしまった同級生、両者の話を聞いたが「人間関係のトラブル」として特に対応しなかったと語っている。[4]

二〇一九年二月二七日、東京地裁で判決が下され、鈴木正紀《まさのり》裁判長は原告側の訴えを棄却した。判決では、ハラスメントなどの相談を受けつつ、転落死を止められなかった学校側には落ち度はなかったとされた。私もこの日、裁判を傍聴していたが、大学の責任が問われないだけでなく、「アウティングが不法行為にあたるか」などの議論には一切踏み込まれなかったことに強く落胆した。「原告の訴えを全て棄却します」という裁判長の言葉が重くのしかかり、法廷は重苦しい空気に包まれていた。

判決後の記者会見で、代理人の南弁護士が「また、被害者が出るだろうと思うと、日本の司法はそんなものなのかと残念です」というAの妹のコメントを代読。[5] Aの両親が裁判のたびに「本人の気持ちも一緒に法廷に来ているから。弁護士にはなれなかったけど、あなたの裁判だよ」と話していたことを紹介し、次のように述べた。[6]

アウティングは人を死に追い込む危険がある加害行為。そうした不法行為が学内で行われたというのを前提に、大学にはどのぐらいの危険性があるのかを判断してほしかった。

控訴審、尋問、母の陳述

その後、三月七日に遺族は控訴。大学側との裁判は続いた。二〇一九年一〇月一日の弁論期日では、当時Aの相談対応を担当した相談員への証人尋問もおこなわれた。

Aから相談を受けていた当時、確かに相談員はAの話を傾聴し、大学のルールに従い手続きをおこなっていた。アウティングはハラスメントだと認識もしていたが、その一方で「ハラスメント相談室の専門相談員の役割は限定的で、ほとんどの事例は自己解決になる」と発言。また、原告代理人がAが転落してしまったと知らされた当時のことを質問すると、「なんでだろうと思いました」などと発言している。[7] これらの受け答えからも、アウティングの問題の軽視、深刻さへの認識不足など、大学の相談体制に対する疑問を感じざるを得ない尋問だった。

二〇二〇年一月二九日、控訴審の弁論が終結。最後にAの母親が、法廷で以下のように陳述した（以下、著者の取材メモより）。

息子は同性愛者です。同性愛者でも生きる権利はあります。でも、息子は転落死してしまいました。子に先立たれた親の気持ちがわかりますか？　いまでも亡くなったとは信じ難いです。夢であったらどれほど良かったか……。会えない寂しさ、会話ができないつらさで気が狂いそうになります。無性に泣ける日がいまでもあります。

心療内科でもらった薬なしでは新幹線にも乗れません。当然この場に立つことなんてできません。夜も寝れません。

美味しい物を食べたとき、面白いことで笑ったとき、心の奥で息子に申し訳なく思います。息子の二五年は一瞬でした。私は厚かましくも生きています。それすら申し訳なく思います。

最後に、息子のＳＯＳがまったく届かなかった日本一の司法試験の合格率だと誇る一橋大学院へは、私の悲痛の叫びも届くことはないでしょうね。

裁判官は両者に和解を提案し、弁論が終結した。

判決

新型コロナウイルスの影響もあり、この間、時間があくことになったが、同年八月二五日、一橋大学は「和解に応じない」姿勢を変えず、和解協議は打ち切りとなったことが原告代理人から発表された。遺族は大学に対し、謝罪も解決金も不要で、学内での理解促進・再発防止の取り組みの実施のみを最終的に求めていた。それにもかかわらず、大学は和解に応じなかった。[8]

Ａが亡くなった二〇一五年八月二四日からちょうど五年。遺族の無念は晴らされないまま、母が最後に陳述した悲痛な叫びも届かぬまま、東京高裁での控訴審判決にのぞむことになった。

二〇二〇年一一月二五日、東京高裁で控訴審判決が下された。新型コロナウイルスの影響で傍聴席は数が制限され、抽選となった。

冒頭、報道機関による二分間の法廷撮影がおこなわれる。一秒が重い。メモを取るためにいつも持ち歩いているシワの入ったノートに残されたページはあと一枚。どうか亡くなったAさんや遺族の想いが伝わり適切な判断がされますように、と拳を握る。

撮影終了後、傍聴席から息を吐く音が聞こえる。原告側の遺族が入廷。被告側の席に一橋大学の関係者はおらず、代理人の弁護士のみの出席だった。

村上正敏《まさとし》裁判長が判決を伝える。

「本件控訴をいずれも棄却する」

裁判長は、大学が安全配慮義務を怠ったとは言えないとする一審の東京地裁の判決を支持し、遺族の控訴を退けた。一方で、アウティング行為の違法性については次のように述べた。

本件アウティングは、（亡くなった学生が）それまで秘してきた同性愛者であることをその意に反して同級生に暴露するものであるから、（亡くなった学生の）人格権ないしプライバシー権などを著しく侵害するものであって、許されない行為であることは明らかである。

さらに続く。亡くなった学生とアウティングをした同級生の間に葛藤があったとしても、「そのことは本件アウティングを正当化する事情とはいえない」――。

一審でアウティングの違法性が触れられなかったことから一転して、「不法行為」であることが示された。裁判長の言葉をメモする手に力がこもる。メモに綴った「許されない」という文字を大きく丸で囲んだ。

終結

大学の責任が問われなかったことには、やはり憤りを禁じ得ない。一橋大学側は繰り返しAの死が「人知の及ぶところではない」と主張し、東京地裁・高裁ともに、大学側の対応が安全配慮義務等に違反するとまでは言えないとした。

本当にそうだろうか。なぜAは、命まで失わなければならなかったのか。その前にもっとできることはあったのではないか――。

一橋大学にはジェンダー社会科学研究センターもあり、ジェンダー・セクシュアリティに関して幅広い知識を有する教員もいたはずだ。そうした機関と連携することはできなかったのだろうか。ZがＬＩＮＥグループで暴露したあと、そのグループに入っていたクラスメイトはこの間、何も対応できなかったのだろうか。

Ａの父親によると、Ａが亡くなったあと、Ａの同級生で遺族に連絡をとった人はほとんどいなかった。遺体を火葬する前の最後の別れに来たいと言っていた同級生もいたようだが、法科大学院の教授が「ご遺族の心情を察して」と止めていたという。さらに、遺品を整理している際、Ａの親友経由で一橋大学のＡのクラスメイトから、Ａに貸していたものを返してほしいと連絡が届いたという。何を返してほしいのか本人から連絡させるよう遺族が伝えると、届いたメールには「ＤＶＤ、スターウォーズ」という単語だけが書かれていたという。

こうした認識の人々が、果たして、法曹界でマイノリティをめぐる人権について、適切な判断を下せるのだろうか。なぜＡは亡くならなければならなかったのか、大学側を含むＡの周囲の人々の認識や対応には疑問を抱かざるを得ない。

それでも、東京高裁の判決で、アウティングが「問題」であるとはっきり示されたことは画期的だった。アウティング行為を「許されない」権利侵害だと認めた判決は初と言われている。亡くなったＡの想いと共に立ち上がった遺族の切実な訴えが社会を動かし、後述するような自治体の法整備や国レベルでの法律を変える流れにつながった。そうした社会の変化が、今回の控訴審判決にも影響を与えたのではないか。

判決後の会見で、代理人の南弁護士は「ご家族が控訴審で強く望んでいたのは、今回のアウティングが不法行為であると、ちゃんと認めてもらいたいということでした。それを裁判官が文字にしたこと、アウティングは不法行為であると認定してくれたことに敬意を表したいと思います」と述べている。[9] 遺族も上告しない方針を発表した。

それでも、Aの命が戻ってくるわけではない。判決の直前に遺族を取材したBuzzFeed Japanの記事にはこのように綴られている。[10]

彼は、人懐こく、誰に対しても親身だった。とにかく好奇心旺盛で、文化祭や体育祭などのイベントごとが大好きな「お祭り男」。遺影には、スカイダイビングをしたり、アメリカの壮大な自然を背景に笑ってみせたりする〈Aの〉姿が焼き付けられている。

あるゲイの大学院生の尊い一つの命が失われてから五年と三か月。「アウティング」をめぐって社会を動かした裁判が終結した。

一一月、寒さが本格化してくる東京。小雨が涙のように降り注ぐ日だった。

[1] 「一橋大アウティング裁判、遺族が『同性愛』暴露の同級生と和解…大学とは訴訟続く」『弁護士ドットコムニュース』二〇一八年六月二五日
[2] 渡辺一樹「ゲイだとバラされ転落死『一橋大アウティング事件』の裁判で、同級生と遺族が和解」『HuffPost』二〇一八年六月二五日
[3] 例えば以下の記事など。泉谷由梨子「ゲイ暴露で転落死、一橋大アウティング事件　大学訴えた裁判では原告敗訴　東京地裁」『HuffPost』二〇一九年二月二七日
[4] 松岡宗嗣「『どんな形で終わっても、兄は戻ってきません』一橋大学アウティング事件裁判で問われる大学の責任」『fair』二〇一八年七月一六日
[5] 「『アウティングを肯定されたような気持ち』一橋大生転落死、大学を訴えた遺族敗訴」『弁護士ドットコムニュース』二〇一九年二月二七日
[6] 泉谷由梨子「『日本の司法はそんなものなのか』一橋大アウティング事件、踏み込まぬ司法判断に遺族ら落胆」『HuffPsot』二〇一九年二月二七日
[7] 松岡宗嗣「『Aさんが亡くなったのは何でだろうと思った』一橋大学アウティング事件裁判の控訴審を傍聴」『note』二〇一九年一〇月一日
[8] 一橋大学｜LGBTQ+ Bridge Network @LGBT_Bridge_Net「【拡散】8月25日、#一橋アウティ

ング事件の和解協議がありました。ご遺族は一橋大学に対して、学内での理解促進・再発防止の取り組みの実施のみを、最終的に求めました。謝罪も解決金も要らないと。／大学の『和解に応じない』意思は強く、和解協議は打ち切りに。／これが一橋の姿勢だそう。酷すぎる。」二〇二〇年八月二七日、Twitter の投稿。https://twitter.com/LGBT_Bridge_Net/status/1298637479923167233

[9] 伊吹早織「ゲイだと暴露『許されない行為なのは明らか』一橋大学アウティング事件、遺族の控訴は棄却」『BuzzFeed News』二〇二〇年一一月二五日

[10] 伊吹早織「『兄が生きたかもしれない世の中』が見たいから。社会を動かしたある事件の遺族が、きょう願うこと」『BuzzFeed News』二〇二〇年一一月二五日

第五章

アウティングの規制

事件後、社会の変化

一橋大学アウティング事件裁判は、性的マイノリティの当事者間においても「アウティング」という概念が改めて広く認識されるきっかけとなった。さらに、報道によって性的マイノリティではない人々にも知られるようになった。

ただ、第二章で述べた通り、当事者の知人がいるというシスジェンダー・異性愛者でも、アウティングという言葉や意味を知っている人は二割にも満たないのが現状だ。

それでも、この一つの事件を契機としたうねりは確実に社会に影響を与えている。地方自治体の中には、アウティング禁止を条例で明記するところが出てきたし、実際にアウティング被害に対して行政が対応する事例も出てきた。さらに、国レベルの法律でもアウティングが問題視され、対策が明記されるようになってきている。

私も、私の身近にいる当事者の知人や友人たちも、少なからずアウティングの経験をしてきた。「運命の分岐点」を経て今日まで生き延びてきた。誰かにカミングアウトするということは、他の人に伝わってしまう可能性を引き受けることが前提となる。だからこそ、アウティングは防ぎようがなく、起きるときにはどうしたって起きてしまうもので、仕方のないことなのだ――。私自身もそう思い込んでいた。

しかし、一橋大学アウティング事件のあと、全国ではじめて、東京都国立市《くにたち》が「アウティングの禁止」を条例に明記した。二〇一七年一二月、国立市議会で「国立市女性と男性及び多様な性の平等参画を推進する条例」が可決、二〇一八年四月一日に施行されたのだ。

その第三条基本理念（二）には、次のように書かれている。

性的指向、性自認等に関する公表の自由が個人の権利として保障されること。

性的指向や性自認といった、自分を構成する重要な要素であり、かつ、それが明らかになる／暴露されることによって不利益を受ける可能性もある機微な個人情報を開示するか否か。それを誰に伝え、誰に伝えないでおくか。その「公表の自由」――つまり「カミングアウトの自由」は「個人の権利」なのだとここでは位置付けられている。この条文を見たときにハッとした感覚を、いまも鮮明に覚えている。

「仕方がないこと」だと思っていた

なぜ私は、「アウティングが起きてしまうことは仕方がない」と思っていたのだろうか。この感覚はどこからやってきたのだろうか。

私が同性愛者かもしれないと気づいたのは、小学校高学年の頃だったと記憶している。同性の友人や先輩に惹かれる気持ちを感じつつ、この気持ちが恋愛感情なのかどうかはわからずにいた。なぜなら、幼少期から「恋愛とは男性と女性がするもの」だということを、社会のあらゆるところから学びとっていたからだ。

幼稚園や保育園で女子と男子が仲良くしているときになされる、異性間の恋愛関係を想起したような声かけ（「まるで付き合っているようだね」「二人はラブラブだね」等）、テレビで毎晩のように流れてくるラブロマンス、友人との恋愛に関する会話など……。家庭、メディア、学校といった日常のあらゆる場面から、シスジェンダーの男女二元論かつ異性愛を前提にした規範的な性愛のあり方を学びとっていた。そこでは誰も、同性愛やトランスジェンダーなど、多様な性のあり方については教えてくれなかった。だからこそ、小学校高学年の頃に、私は自分が同性愛者かもしれないと「気づいた」。

しかし、この「気づく」とは何だろう。よく「いつ自分がゲイだと気づいたんですか」といった質問を受ける。その際は、できるだけ次のように返すことにしている。「逆に、あなたが異性愛者だと気づいたのはいつですか」と。

きっと多くの人が、誰かを好きになった初恋の経験を思い起こすだろう。でも、そのときの経験を、自身が「異性愛者だと認識した瞬間」と理解したことはないだろう。異性愛者であることはあたりまえで、疑う余地もないことだから。

そうした「あたりまえ」の感覚を、私自身も内面化していた。「男性は女性を好きになるもの」――そう認識しつつも、一方では同性に惹かれている感情に気づくのだ。

当時から「ホモ」や「ゲイ」という言葉は知っていた。どこで聞いたのかは覚えていない。それでも知っていた。「LGBT」という言葉はまだ聞いたことがなかった。テレビをつければ、オネエタレントが嗤《わら》われていた。日常生活では、男性同士が過度に仲が良かったりすると、「ホモかよ」と気持ち悪がられていた。そうした経験が蓄積していくうちに、いつの間にか、誰に言われたわけでもなく、同性に惹かれているこの気持ちは「絶対に誰にも言ってはいけないものなのだ」と自覚した。

性の多様性をめぐる適切な情報もなければ、周りにロールモデルとなる大人もいなかった。

そんな中で生き抜くためには、テレビのオネエタレントと呼ばれる人たちが自身の存在を笑いとして昇華しているように、自分自身もそうやってふるまうか、または、同性愛者であることを完全に隠して、異性愛者であるフリをして生きていくしかないのだと察した。

私は、意識的ではないが、前者を選んだ。同性の友人に過度にスキンシップをとり、周りから「気持ち悪い」と笑われたが、かといって幸いにもひどいいじめにつながったわけでもなかった。むしろ周囲との関係性は良好だった。

それでも、いざ「本当はゲイなの？　どっちなの？」と聞かれるたびに冷や汗をかきながら話題を変えてごまかした。カミングアウトはできなかった。もし公表して、一人でも受け入れられないという人がいたら……。その瞬間に自分は、いまいる居場所を失ってしまうのではないか。そうであれば、このまま「キャラクター」のように過ごしたほうがいいのではないか。そう思っていた。

自分は「何者」なのか

中学時代には女性と付き合った経験もある。その過去を知っている高校時代の同級生からは、

「宗嗣は実はストレートだけど、ゲイのようにふるまって、むしろ本当は女子を狙っている」と評されたことがあった。このときに抱いた感情はよく覚えている。本当は「いや、ゲイだよ」と言いたかった。でも、そうした想いと同時に、ふつうの異性愛者だと思われていることへの安堵もあった。

同性の同級生や先輩を好きになるたびに、「なぜ自分は女性じゃないんだろう」と悩んだ。実際に、「宗嗣が女子だったら付き合っていたかもしれないね」という言葉を投げかけられたこともある（私の身近なゲイの当事者からも、同様の言葉を好きな相手から投げかけられたという経験を聞くことが少なくない）。

親から「彼女できたの？」と聞かれれば、それ以上聞くな！　踏み込むな！　と言わんばかりに、毛を逆立てた猫のように怒った。休日のリビングで昼間から寝ている父を見た母に、「あんたも将来こういう父親になるんだよ」と笑われた。そのたびに、自分は将来、結婚することも、子どもを持つこともないのだろうと思った。「孫の顔を見るのが楽しみね」なんて言われたわけでもないのに、親に対する罪の意識に苛まれた。

自分は「何者」なのだろう？　なぜ自分は同性愛者として生まれてきたのだろう？

いや、そもそもどうして同性愛者になってしまったのだろうか？

インターネットで調べてみたこともあった。同性愛は遺伝によって生まれるのか、それとも環境のせいなのか。「自分のせいじゃない」と言いたかったのか、とにかく調べあさった。でも、見つかるのは「妊娠中に母体にストレスがかかり、正常な男性になりきれなかった」というような、信憑性のない情報ばかりだった。実際、科学的にも同性愛を決定付ける要因が見つかっているわけではない。動物の世界でも、同性愛関係は多く確認されているし、性別が変化することも広く確認されている。人間だけというわけでもない。

当時はわからなかったが、このように「なぜ性的マイノリティは生まれるのか」という疑問を持ってしまうことはあり得ることだ。しかし、そうした問い自体に、シスジェンダーの男女かつ異性愛が自然であるというバイアスがひそんでいることに注意したい。いまはそう言える。

「問題」の所在

同性愛というものは、自分という存在は、世の中のふつうに当てはまらないものだ。欠陥で、異常で、おかしくて、足りていない、気持ち悪いものなのだ。スティグマ――不名誉な負の烙印が、外からも内からも押されていた。こうした言葉が心に降り積もっていき、やがて差別や偏見が自分自身の中で内面化されていった。もしそのまま進んで行ってしまったら、自分の命を追い込むほどの問題にもつながったかもしれない。

当時の私は、「自分がふつうから逸脱してしまっているのだから仕方がない」「そういう社会なのだから仕方がない」と思い込み、自責の念だけが強化されていた。社会の構造がシスジェンダーの男女二元論かつ異性愛を前提に設計されているなどということは一ミリも考えずに。

だから、はじめてカミングアウトしたときも、自分自身がゲイであることが「噂」として広まってしまうのは仕方がないことだと思っていた。周囲からすれば物珍しいだろうし、隠したくても隠せるものではないだろう。ただでさえ周りから受け入れてもらっているのに高望みはできない。カミングアウトは、こちらが一方的に自分の秘密を押し付けることだから、暴露されても仕方がないのだと——。

私がこうした考えにひそむ「問題」に気づくことができたのは、大学でジェンダー研究者の恩師と出会うことができたからだ。自分のせいだと思っていたことが、自分のせいではなかった。壁は社会の側にあった。シスジェンダーの男女二元論かつ異性愛を前提として、あらゆる制度や文化、規範がつくられていることにはじめて気づいた。過去の葛藤が解きほぐされていった。規範的とされない性のあり方が想定されていないこと、それを排除しようとすることのほうが問題なのだと知った。だから、わざわざ「カミングアウト」や「アウティング」という言葉が生み出されたのだと理解した。

社会からその存在を想定されず、見落とされ、排除され続けてきた人たちがいる。性のあり方は、私という人間を構成するあくまで一つの要素にすぎないけれど、一方でそれは、自分の人格を構成する重要な要素の一つでもある。だからこそ、それを公表することで、不利益を被る可能性がある。それでも伝えるかどうか。その自由は個人に保障されている「権利」だ——。

国立市の条例の意義は、そういう次元から考えていくべきものだと思う。

「カミングアウトの自由」という権利

国立市の条例では、基本理念の「性的指向、性自認等に関する公表の自由が個人の権利として保障されること」に加えて、第八条禁止事項等（二）にはこうも書かれている。

何人も、性的指向、性自認等の公表に関して、いかなる場合も、強制し、若しくは禁止し、又は本人の意に反して公にしてはならない。

そう、実は国立市の条例が禁止しているのは「アウティング」だけではない。「本人の意に反して公にしてはならない」だけでなく、「いかなる場合も、強制し、若しくは禁止し」という形で、「カミングアウトを強制すること」や「カミングアウトをさせないこと」も禁止している。カミングアウトするか、しないか。するとしたらいつ、誰にするのか。その情報をコントロールする権利は個人にある、ということを謳《うた》っているのだ。

実際、「カミングアウトの強制」に関しては、二〇一六年にある訴訟が提起されている。[1]

二〇〇七年から愛知ヤクルト工場に勤務していた四〇代の社員は、職場では「男性」として勤務していたが、プライベートでは「女性」として生活していた。

高校卒業後に働いた別の職場では、女性として暮らしていた私生活について社宅で同僚に見つかってしまい、「女装癖」があると疑われ、退職を余儀なくされて住まいも失った。こうした経験もあり、工場では隠して働いていたのだ。

しかし、母親の三回忌を終えたことをきっかけに、社会的にも「女性」として生きていきたいと決意。「性同一性障害」の診断を経て、二〇一四年五月に名古屋家裁で名前の変更が認められた。

社員は上司に診断書を提出。過去の経験から社内での公表や女性としての処遇は望まなかったが、ホルモン治療の影響で容姿が変化するため、他の同僚に知られたくなかったことから更衣室だけは別室を希望した。名簿などについても、従来の男性名での記載を要望していた。

しかし、工場側は同じ職場の全従業員の前で「性同一性障害を公表すること」を条件に、役員室の更衣室や来客用トイレの利用を許可することなどを提案。社員は一度断ったが、連日のように公表することを迫られ、やむを得ず了承したという。

六月中旬、この社員は、勤務時間の異なるグループごとに、一日三回に分けて、計約一四〇人の同僚に対し、「私は性同一性障害です。これから治療を行っていくために皆様にご迷惑がかかります。ご理解とご協力をお願いします」と述べさせられた。

その後、適応障害を発症。さらにうつ病と診断されて休職した。復職後には他の従業員から隔離された倉庫で単純作業を強いられるなど、不当な配置転換で嫌がらせも受けたという。社員は二〇一六年六月二八日、工場を相手取り、損害賠償を求める訴えを起こした。

提訴後の記者会見で、社員は「40年余りひた隠しにしていたことをいきなり『話せ』と言われ、嫌がらせだと思った」と語ったという。

朝日新聞の取材に対し、工場側は「本人の同意があった」「特別な配慮をする以上、他の従業員に疑義が生じたり興味本位のうわさが先行したりするより、同意のもとで情報を開示し理解を得ることが、長期的には本人のためになると判断した」と語ったそうだが、この間、他の従業員に対する性の多様性に関する研修等はまったくおこなわれていない。社員は「好奇の目にさらされ続ける不安があった」と述べている。

「カミングアウト」の捉え方は、性的マイノリティ当事者と非当事者とでは大きく異なる場合がある。カミングアウトを受けた側の反応として、気持ち悪いといった蔑視の感情を抱くこともあれば、一方で「そんなことだったのか」「たいしたことじゃないじゃん」など、むしろ矮小化されて受け取られてしまうこともある。

もちろん、後者のような反応に救われる当事者もいる。受け入れられないかもしれない、侮蔑的な言葉を投げ付けられるかもしれないと怯えつつ、それでも伝えたいと勇気を振り絞って投げたボールを、ポップに、軽く受け止められることで、当事者側が呆気《あっけ》にとられるというケースは少なくない。

一方で、この社員のように、過去に実際にひどい差別やハラスメントの被害を受けていて、カミングアウトすることに対して恐怖があるという人も当然いる。先述した通り、カミングアウトすることで、周囲からのまなざしが一変することがあるからだ。当事者でも置かれた状況はそれぞれ異なるし、カミングアウトに対する考え方も異なる。だからこそ、カミングアウトする／しないも、そのタイミングも、人によって異なることを前提にしなければならない。「たいしたことじゃない」、または「かわいそう」などと勝手に決め付けず、相手の状況やスタンスを尊重することが求められる。

カミングアウトを「させない」ことの禁止

国立市の条例では、アウティングの禁止、カミングアウトの強制の禁止に加えて、「カミングアウトをさせないようにすること」も禁止している。

これは一見わかりづらいかもしれないが、例えば、職場でカミングアウトしたいと思っても、上司や人事などから制限されてしまうケースなどが想定されるだろう。

確かに、他の従業員がジェンダーやセクシュアリティに関して適切な認識を持っていない職場の場合、突然カミングアウトすることによって差別やハラスメントの被害が起きてしまう可能性は十分に考えられる。カミングアウトしたいという従業員を守るために、さまざまな角度からそのメリット・デメリットを見定めることも、ときには重要だ。その際も、勝手な決め付けはせずに、本人の意思を尊重し、本人と相談することが欠かせない。

ただ、カミングアウトしたいという本人の意思に反してその行為に制限をかける場合は、きわめて注意が必要だ。例えば、カミングアウトをしないほうが良いという懸念の中には、本人のためというよりもむしろ――あるいは本人のためという名目で――「変に問題を起こしてほしくない」といった会社／マジョリティ側の都合が隠れている場合がある。トラブルを避けたいという考えには一定の合理性はあれど、その人の重要なアイデンティティを否定し、マイノリティ個人の側に責任を押し付けることにつながってしまう可能性がある。そもそもこうした対応は、社会の差別や偏見を問い直すどころか、その温存にさえつながり得る。

性的指向や性自認が「趣味嗜好《しこう》」の問題だと思われることもある現状、「そんな性的な話を会社で言う必要があるのか」「言うと他の人が変に影響されちゃうのではないか」といった反応を受けることは依然としてある。そういう「なんとなくの懸念」から、「カミングアウトはやめておいたほうが良いのでは」と思ってしまうことの背景にある社会の構造を疑わないままに、カミングアウトすることを制限ないし禁止していないか、注意が必要だ。

なお、「そんな性的な話を会社で言う必要があるのか」という発言に近いものとして、「会社は仕事をする場所であって、そもそも性のあり方は関係がない」という発言もしばしば聞かれる。私自身も、本来的には性のあり方は仕事と無関係であってほしいと思っているが、残念ながらシスジェンダーの男女二元論かつ異性愛を前提とした社会では、実はすでに多くの人が、毎日、毎秒、カミングアウトしながら生活していると言っても過言ではない、とも考えられる。どういうことか。

例えば、自分のプライベートについて話す際、パートナーの存在を「妻」や「夫」といった言葉で語ることがある。飲み会などで週末にしたデートや家族や子どもとの買い物について話すときも、異性愛であることを前提とした会話は違和感なく繰り出されている。履歴書やエントリーシートの性別欄に回答するとき、トイレや更衣室を利用するとき、制服を着用するとき、健康診断などで男女別に振り分けられるとき――。シスジェンダーの男女二元論を前提とした扱いをされるシーンはありふれている。そして、多くの人はそこに違和感を覚えない。これはなにも職場にかぎらない。

そしてもし、そのことに違和感なくやり過ごせているのであれば、それはその人にとって常に、「私はシスジェンダーの異性愛者であること」を、、、、、、、、カミングアウトしている状態とも言えるだろう。

このように書くと、「私は別に毎日セックスについて語っているわけじゃない」と思う人もいるかもしれない。これまで、異性愛以外のセクシュアリティは、過度に「性的」とされてきたから、カミングアウトがいわゆる「下ネタ」と同じ文脈で受け取られることは多々ある。バイセクシュアルに対する「性に奔放なイメージ」も同様だし、ゲイやレズビアン、またはトランスジェンダーの当事者がカミングアウトした際に、真っ先に「どうやってセックスをするの？」といった質問が繰り出されることを考えれば、そうしたステレオタイプは至る所で見てとることができる。

すでに確認している通り、性的指向や性自認は、その人が自身の性別をどのように認識しているか、性的な欲望や恋愛的な指向がどの性別に向き、向かないのか、といったことを表している。これは性的マイノリティにかぎらず、性的マジョリティであるシスジェンダー・異性愛者にも関係することだ。後者の場合、男性または女性という性自認を持ち、性的指向が異性に向くということになる。

本来、性的な欲望のあり方やその度合いは、性的マイノリティであるか否かには関係なく、まさに個々人によって異なる。そして、そもそもマジョリティも含めて、性について語ることは恥ずかしく、下品であるなどとタブー視されている。しかしその一方で、マジョリティの性のあり方は「普遍的」と位置付けられ、不問となり、マイノリティの性のあり方はタブー視の延長で「過度に性的」とされ、語るべきではないと位置付けられてきた。その非対称性を見落としてはいけない。

カミングアウトさせないようにする「制限」や、性のあり方が語られることへの「懸念」が一体どこからきているのか。性的マイノリティを「いないもの」として扱い続けたい、公の空間から追い出したいという意識がはたらいていないか。いま一度問い直すことが重要だろう。

条例が守ろうとしているもの

これらの意味で、全国ではじめてアウティング禁止を明記した国立市の条例は画期的だった。そう言えるだけの理由がもう一つある。というのは、アウティング事件が起きてしまった一橋大学が置かれている場所が、まさに東京都国立市だからだ。

弁護士ドットコムの取材に対し、国立市の吉田徳史《のりふみ》市長室長は、条例ができた経緯についてこのように語っている。[2]

「市内の大学で起きたことなので大きな問題だと受け止めています。〔…〕本件については市民委員会の議論でも話が出ました。ただ、アウティングの部分は当初は盛り込む予定はなく、骨子案をパブリックコメントした際に受けた意見がきっかけで盛り込むことが決まりました」

この経緯を知ったときは驚いた。つまり、国立市としては、一橋大学アウティング事件を大きな問題と受け止めつつも、当初はアウティングをめぐる規定を条例に盛り込む予定はなかったのだが、パブリックコメントに寄せられた意見をきっかけに取り入れられることになった、というのだ。

国立市政策経営部市長室平和・人権・ダイバーシティ推進係の市川綾子《あやこ》氏によると、寄せられたパブリックコメントには、「性的指向と性自認について個人を尊重するという全体の印象はあるが、カミングアウトを強制するような印象にも見てとれる」という内容が書かれていたという。[3] この点については、吉田室長も「目から鱗の指摘でした」と語っている。

「当事者の多くは、誰かに暴露されるなど何らかアウティングの経験（被害）を受けたことがあると思われます。明らかにしたくない方も守るのは当然ですから、市民委員会としてもその指摘を重く受け止めて、議論が改めて行われました」

条例の第三条基本理念（一）には、「性別、性的指向、性自認等による差別的取扱いや暴力を根絶し、全ての人が、個人として尊重されること」と掲げられている。

性的指向や性自認は、先述した通り、すべての人に関係する要素だ。そのため、基本的には性的マイノリティであっても性的マジョリティであっても、カミングアウトしてもしていなくても、性的指向や性自認にかかわらず「個人として尊重される」のが大前提ということになる。カミングアウトが前提となるわけではない。この点は重要だ。

これがもし「性的マイノリティも個人として尊重される」といった文言であったら、カミングアウトが前提となってしまっていた可能性は確かにある。これがなぜ「問題」なのかといえば、例えば、ある人がカミングアウトしていなかったとしても、「レズビアンのようだ」「トランスジェンダーみたいだ」という憶測から差別的取り扱いなどの被害を受けることがあるからだ。その際に、「本当に被害者が性的マイノリティであるか否か」が尊重されるかどうかの「線引き」になってしまうのは本末転倒だろう。

たとえそのように見えるとしても、本人のアイデンティティは実際のところはわからない。会社で「お前ホモみたいだな」というハラスメントを受けた人は、「ゲイ」である可能性もあれば、「シスジェンダー・異性愛者でフェミニンなふるまいをする男性」という可能性もある。真実がいずれかであったとしても、ハラスメントを受けていることに変わりはなく、その人は守られなければならないし、ハラスメントはあってはならない。

　これまでも性的指向や性自認に関する差別的取り扱いの禁止を条例に明記している自治体はあり、報道などではよく「ＬＧＢＴ差別禁止」と表現されてきた。そう言ったほうがわかりやすいからこそ、こうした言葉が使われているのだし、私自身も使うことがある。しかし、厳密には性的マイノリティであっても、そうでなくても、「すべての人に対して性的指向や性自認に関する差別をしてはならない」ということを規定しているという点においては不正確な表現と言える。

「ＬＧＢＴ差別禁止」や「性的マイノリティの権利保障」といった文言が並んだとき、自分が守られるためにはカミングアウトが前提になるのだと思ってしまう当事者がいることは想像に難くない。条例の文言としては、引き続き「性的指向や性自認に関して」といった表現が望ましいだろうが、一橋大学の事件や市民からの懸念の声を受けて、「カミングアウトが前提になってしまうのではないか」という問題意識が持たれ、「カミングアウトの自由」を「個人の権利」として位置付け尊重した国立市の条例は、やはり画期的だったと言えるだろう。

〔1〕例えば以下の記事など。
- 「『性同一性障害、社内に知られた』社員が職場提訴へ」『朝日新聞デジタル』二〇一六年六月二〇日（現在はリンク切れ）
- 「性同一性障害を社内公表、会社側が反論『強制してない』」『朝日新聞デジタル』二〇一六年一〇月五日
- 「提訴の従業員『好奇の目に…不安があった』」『毎日新聞デジタル』二〇一六年六月二八日

〔2〕下山祐治「国立市が性的指向の暴露『アウティング』禁止条例、カミングアウトできない人も守る」『弁護士ドットコムニュース』二〇一八年三月三〇日

〔3〕（一財）地方自治研究機構「CLOSE UP　先進・ユニーク条例【解説】国立市女性と男性及び多様な性の平等参画を推進する条例」『自治体法務研究』二〇一八年冬号、二〇一八年一一月、六〇頁

第六章

広がる法制度

広がる規制

二〇一八年四月に施行された国立市の条例以降、アウティングの禁止、そしてカミングアウトの強制やカミングアウトをさせないようにすることの禁止を明記した自治体の条例は広がり始めた。

二〇一九年四月には岡山県総社《そうじゃ》市で「総社市多様な性を認め合う社会を実現する条例」が施行。ここでは「性的マイノリティであることを、本人の意に反して公にすること」と「カミングアウトを強制し、又は禁止すること」を禁止している（第八条）。

同日には、東京都豊島《としま》区で改正「豊島区男女共同参画推進条例」が施行。「何人も、性自認又は性的指向の公表に関して、本人に対し強制又は禁止してはならない」「何人も、本人の同意なくして性自認又は性的指向を公表してはならない」と、同じく禁止を明記した（第七条）。

さらにその翌年、二〇二〇年四月には、東京都港区でも改正「港区男女平等参画条例」、七月には三重県いなべ市が「いなべ市性の多様性を認め合う社会を実現するための条例」を施行。アウティング等の禁止を盛り込んだ。

二〇二一年三月には沖縄県浦添《うらぞえ》市で「浦添市性の多様性を尊重する社会を実現するための条

例」が本会議で可決。差別的取り扱いの禁止やパートナーシップ制度、そしてアウティング等の禁止も盛り込まれ、一〇月一日に施行された。

より大きな注目を集めたのは二〇二一年四月、三重県が「性の多様性を認め合い、誰もが安心して暮らせる三重県づくり条例」を施行したことだ。都道府県レベルの条例でアウティングの禁止規定等を明記したのは、全国初となった。性的指向や性自認に関する差別的取り扱いの禁止も明記しており、県レベルでの導入は画期的だ。ニュースでも大きく報じられた。

アウティング禁止等を条例で定めている自治体は、確認できるかぎりで七つ（二〇二一年一〇月時点）。二〇一九年の共同通信の調査によると、自治体のうちアウティング行為をめぐる職員向けのマニュアルなどを作成しているのは一割にとどまるが、少しずつ広がっているようだ。[1] 二〇一八年には筑波大学が、性的マイノリティに関するガイドラインにおいてアウティングをハラスメントとして対処することを明記した。[2] 全国の大学・短大を対象とした調査によれば、ハラスメントに関するガイドラインやパンフレットにおいて性的マイノリティに関する記載があるのは約二割（三五校）にとどまるが、[3] やはり、一橋大学アウティング事件の影響は大きく、大学の取り組みも近年広がりつつある。

パワハラ防止法の成立

アウティングをめぐっては、地方自治体だけでなく、国レベルでも大きな変化があった。二〇一九年五月に、国会で「改正労働施策総合推進法」、いわゆる「パワハラ防止法」が成立（二〇二〇年六月一日施行）。これは企業等にパワーハラスメントの防止対策を義務付けるものだが、このパワーハラスメントに、性的指向（Sexual Orientation）や性自認（Gender Identity）に関するハラスメント、いわゆる「ＳＯＧＩ《ソジ》ハラ」や「アウティング」が含まれることになったのだ。大企業では二〇二〇年六月から、中小企業等では二〇二二年四月から義務化される。

参議院で可決された際、法案の附帯決議にはこのように記された。

> 職場におけるあらゆる差別をなくすため、性的指向・性自認に関するハラスメント及び性的指向・性自認の望まぬ暴露であるいわゆるアウティングも雇用管理上の措置の対象になり得ること、そのためアウティングを念頭においたプライバシー保護を講ずること。

法律の本文ではなく附帯決議とはいえ、性的指向や性自認、そして「アウティング」という言葉が入ったのははじめてだ。これまで性的マイノリティの存在は法律上「不可視化」されていたが、性的指向や性自認に関するハラスメントや暴露は「問題」なのだと示されたのは画期的だった。

法案成立後、厚労省の労働政策審議会が開かれ、SOGIハラやアウティングが具体的に何を指し、どういったものまでパワハラに含まれるのか、企業等にはどんな対策が求められるのかなど、「指針」に関する議論が交わされた。

特にアウティングに関しては、「指針」において、パワーハラスメントの代表的な言動として挙げられている六つの類型のうち「個の侵害」で次のように示された。[4]

> 労働者の性的指向・性自認や病歴、不妊治療等の機微な個人情報について、当該労働者の了解を得ずに他の労働者に暴露すること。

これにより、性的指向や性自認などの情報が「機微な個人情報」として位置付けられることが明確になった。企業等に「指針」について周知・啓発を求める中でも、「この点、プライバシー保護の観点から〔…〕機微な個人情報を暴露することのないよう、労働者に周知・啓発する等の措置を講じることが必要である」と特記されている。就業規則におけるパワハラの禁止や、起きてしまった際の懲戒規定を明記する際にも、パワハラにはアウティングも含まれることを明記する必要があり、その点について周知することが求められている。

さらに、パワハラ防止法は、企業等に相談窓口の設置も義務付けているが、その際、相談対応の担当者が性的指向や性自認、またはアウティングの危険性などに対し適切な認識を有していなければ、相談したことで他の従業員に知られるといったさらなるアウティングにつながる可能性がある。相談を受ける際も、まず相談者が誰にまでカミングアウトしているのか等を確認し、プライバシーを保護することが求められる。場合によっては、守秘義務のある外部の相談窓口に委託し、社外の窓口で対応できるようにすることで、アウティングを防ぐことが可能となるだろう。

「指針」では、もしハラスメントが起きてしまった際の対処についても義務付けている。アウティングに関しても、もし起きてしまったことが発覚した場合、どの範囲にまでアウティングがおこなわれているのかを事実確認し、本人と共有、さらなるアウティングが起きないよう早急に対処することが求められる。再発防止措置を講じることも重要とされる。

「指針」ではさらに、「併せて講ずべき措置」として「プライバシー保護」を掲げている。これは、当然ながらパワハラ全般に関して、相談者や行為者のプライバシーが守られるために必要な措置を講じる必要があるということを押さえたものだ。その際、「指針」には「なお、相談者・行為者等のプライバシーには、性的指向・性自認や病歴、不妊治療等の機微な個人情報も含まれるものであること」として、ここでも性的指向や性自認等の情報が「機微な個人情報」であると確認され、特段、「プライバシー保護」の措置が求められることを強調している。

アウティング法制の効果

一橋大学アウティング事件によって、アウティングが「命」の危機につながりかねない深刻さをはらんだ問題であることが明らかになった。そして、国立市の条例によりアウティングの禁止が明記されたことで、アウティングは「してはいけないこと」だということ、さらには、カミングアウトの自由が「個人の権利」であることが世の中に伝わる大きなきっかけとなった。

また、パワハラ防止法によって、性的指向や性自認は「機微な個人情報」に含まれることが示され、一橋大学アウティング事件裁判の控訴審判決により、アウティングがプライバシーを侵害する行為であり、「不法行為」であることも明らかにされた。

性的マイノリティを取り巻く社会には、まだまだ差別や偏見が根強く残っている。一方で、「LGBT」という言葉の認知度の高まりとともに、多様な性のあり方をポジティブに受け止める人たちも増えてきている。それでもなお、カミングアウトすることで不利益や差別的取り扱いを受ける可能性は依然として残っている。ポジティブに受け止めている人であっても、そうした差別や偏見の現状は見ないままに、性にまつわる困難や葛藤を「たいしたことではない」と捉えてしまう場合もある。だからこそ、「良かれと思って」のアウティングが起きることがあるのだ。

こうした状況において、アウティング禁止の条例や、パワハラ防止法は、そもそも性のあり方をカミングアウトすることは「たいしたことではない」わけではないこと、場合によっては命の危機につながるほどの「問題」であることを明確に示した。

法制度でアウティングの「禁止」と聞くと、実際にアウティングをしてしまった場合、法律で罰せられるのだろうかと不安になる人もいるだろう。私自身、過去にアウティングされたこともあれば、アウティングをしてしまったこともある。性的マイノリティの当事者からカミングアウトを受け、特に考えもなく別の誰かに暴露してしまった経験を持つ人は、決して少なくないはずだ。

パワハラ防止法は、企業等に対してあくまでもアウティングの「防止対策」を義務付けているものであり、例えばアウティングが起きてしまった場合に刑事罰が科されるといったことはまったくない。あくまでも、企業に事前防止や起きてしまった際の再発防止策などを求めるものだ。

地方自治体の条例にしても、アウティングの禁止や、カミングアウトの強制、カミングアウトさせないことの禁止を明記しているものの、その行為自体に対する罰則等は規定されていない（もちろん、これらの行為が起きてしまった際に、民事訴訟の根拠として示される可能性はある）。こうしたことは基本的事実として押さえておいたほうがよいだろう。

一方で、自治体によっては「苦情処理委員」を設置し、アウティングが起きてしまった際に申し立てると、自治体が調査・斡旋《あっせん》等をおこなうことができる仕組みを設けているところもある。実際に、東京都豊島区では、会社でアウティング被害を受けて精神疾患になった二〇代の男性が、事業者への指導などを求める申し立てをおこない、区の苦情処理委員の斡旋により和解に至っている。

豊島区の企業で起きたケース

この豊島区のケースについて詳しく見ていこう。[5]

Bさんは二〇一九年、豊島区内の生命保険代理店に営業職として入社した。同性のパートナーと自治体の「パートナーシップ制度」を利用していることもあり、入社前の最終面接で必要書類を記入する際に、緊急連絡先として同性パートナーの名前を登録したいと会社側に伝え、会社の代表と上司に自身の性的指向をカミングアウトした。その際、「同僚には自分のタイミングで伝えたい」とあわせて説明したという。

しかし、その一か月後に、アウティングが起きてしまっていたことが発覚する。

入社後、同年の夏に、Bさんは隣の席のパート女性から無視されたり避けられたりするようになってしまったのだ。その後、面接時にカミングアウトをした上司から、パート女性にBさんには同性のパートナーがいることを話したと明かされた。

Bさんによると、その上司は謝ることもなく「自分から言うのが恥ずかしいと思ったから、俺が言っといたんだよ。一人ぐらい、いいでしょ」と笑いながら語ったという。これを機にBさんは、上司とも最低限の業務連絡を除き距離を置くようになったが、上司に対する恐怖や、他の従業員にも広められているのではないかという不安から仕事を休みがちになった。

七月中旬頃からは、電話で「バカ」「頭が悪い」などと叱責されたり、会社で上司の発言に意見したところ頬を叩かれたりしたという。こうしたパワハラが重なったことで動悸やめまい、震えが出始め、同年一〇月から出勤できなくなった。その後、病院で抑うつ状態と診断されBさんは休職した。

会社が設置されている東京都豊島区は、二〇一九年四月に改正「豊島区男女共同参画推進条例」を施行し、アウティングの禁止を明記している。その中で「苦情処理委員」の設置を規定しており、条例に違反する区の施策に対する改善や、人権侵害について救済の申し立てができるようになっている。

Bさんは職場でアウティング被害を受けたことについて、二〇二〇年六月、苦情処理委員会に申し立てをおこない、会社への指導などを求め、区に対してもアウティングについての啓発や研修、被害の実態調査、さらにはアウティングをした企業の会社名公表を求めた。

HuffPost の取材に対して、勤務先の会社代表は、Bさんに確認せずに同僚に性的指向を伝えたことを認めた一方で、「入社する際、性的指向に関してオープンな職場環境で仕事をしたいという男性の意向があったと認識していた。性的指向を同僚に伝えたのは、それを踏まえての対応だった。同僚に伝えないでほしいという意向とは受け止めていなかったため、そもそも私どもと認識に食い違いがあった」と釈明したという。[6]

区の苦情処理委員はこの件について調査をおこなった。共同通信の取材によると、斡旋の結果、二〇二〇年一一月末時点で会社側は男性に謝罪し、解決金を支払うことで和解したことがわかった。[7]

豊島区男女共同参画苦情処理委員は、調査結果について「意見表明書」を発出。これを受けて豊島区は、「措置報告書」で、「多様な性自認・性的指向に関する対応指針」を改訂し、性自認または性的指向に関する人権侵害の条例違反となる事例などを盛り込むことや、パートナーシップ制度利用者へのアンケート項目に加筆するとともに、関連する調査を活用し、アウティング防止施策に反映すること、さらなる予防啓発を進めていくことを決定。企業名の公表については、条例の規定としては難しいことから、相談窓口の周知による速やかな救済や予防啓発を進めることが示された。[8]

Bさんはその後、会社を退職。二〇二一年四月、労働基準監督署に対し、アウティング行為により精神疾患になったとして労災申請をした。アウティングに関連する過去の労災申請事例は、管見のかぎりでは見られない。

厚労省は二〇二〇年五月末、精神障害をめぐる労働災害の認定基準を改正し、「パワーハラスメント」という項目を新設。その基準の中には、パワハラ防止法で含まれることになった性的指向や性自認に関するハラスメント、いわゆる「SOGIハラ」や「アウティング」は明記されていなかった。ただ、第三章で紹介した大阪の病院で起きたケースについては、SOGIハラが労災認定されている。報道によると、その際の心理的負荷の評価は三段階で最も高い「強」に認定されたという。[9] 基準にSOGIハラは明記されていないが、「パワハラ」に含まれるようになったことが認定に大きく影響しているだろう。この点からも法制化の重要性を実感する。一方でアウティングの被害については認定されておらず、アウティングが労災認定基準に明確に位置付けられているとは言えないのが現状だ。

豊島区のケースも、Bさんは労災申請についての記者会見で「私と同じような体験をして、泣き寝入りする人をなくすためにも労災認定を勝ち取りたい」と述べ、[10] Bさんを支援するNPO法人POSSEとともに職場でのアウティングが労災と認められるよう、Change.orgのオンライン署名を立ち上げ、二〇二一年六月に一万八〇〇〇筆を超える署名を厚労省に提出した。その際、厚労省側は「現行の労災認定基準自体には『職場でのアウティング』は必ずしも明記されていないが、関係指針等から判断し、労災とは認められうる」と回答したという。[11]

今後Bさんの労災認定が下りるかどうかに、注目が集まっている。

この豊島区のケース一つを見ても、「法制度」として規定されていることがいかに重要かを実感する。アウティングがそもそも問題視すらされていなかった状況において、アウティングの禁止が条例に明記され、苦情処理という仕組みを設けられ、区の苦情処理委員の斡旋により和解が成立した意義は大きい。パワハラ防止法においてアウティングの防止対策が義務付けられているからこそ、アウティングが起きた場合も「対処しなければならないもの」だという前提に立って対応がなされるからだ。アウティングを未然に防止できるかどうか、アウティングが起きてしまったときに被害者を保護・救済できるかどうかは、実効性のある「仕組み」の有無に左右される。

アウティング法制の疑問

再三確認している通りだが、東京都国立市の条例では、アウティングやカミングアウトについて、「何人も、性的指向、性自認等の公表に関して、いかなる場合も、強制し、若しくは禁止し、又は本人の意に反して公にしてはならない」と規定されている。

一方で、私は性的指向や性自認という概念について、「もちろん性的マジョリティであるシスジェンダー・異性愛者も、男性または女性という性自認を持ち、性的指向は異性に向くというように、性的マイノリティもそうではない人もすべての人が関係するものだ」とも述べた。

つまり、本来は「性的指向や性自認をアウティングしてはいけない」と規定すると、論理的には、「性的マジョリティの人々の性的指向や性自認もアウティングしてはいけない」ということになる。どういうことかというと、原理的には、シスジェンダーの男性のことを「この人、実は性自認は男性なんだって」と言うことや、異性愛者の女性のことを「この人、実は恋愛対象は男性なんだって」などと言うこともアウティングにあたる、ということだ。

しかし当然ながら、シスジェンダーの当事者が、自身の性的指向や性自認をカミングアウトすることはない。なぜなら周囲も、その人の見た目やふるまいから勝手に「シスジェンダーである」という前提で取り扱うからだ。あるいは、「異性愛者である」という前提に立ってコミュニケーションをとるからだ。

この点について、第五章ではむしろ、シスジェンダーや異性愛者たちは常にカミングアウトしている状態とも述べた。生まれたときに割り当てられた性別に違和感を持つことなく、男性または女性として、日常生活のあらゆるシーンで、当然のように「シスジェンダーの男性／女性」だとカミングアウトし続けているとも言えるのだ、と。

しかし、性的マジョリティである場合、性的指向や性自認を理由とする「不利益」は原理的には発生しない。したがって、「○○さんって、実はシスジェンダーの異性愛者なんだって」という暴露（アウティング）も生じない。だからこそ、国立市をはじめ、アウティングなどの禁止を明記している条例は、実際的には、性的マイノリティの性的指向や性自認の暴露を指し示していることになる。

ただ、もちろん性的マイノリティだからといって、すべての人が「レズビアン」や「トランスジェンダー」といった自身の性のあり方に関する名前をアイデンティティとして引き受けたり、名乗ったりしているわけではない。「クエスチョニング」をはじめ、自身の性のあり方が特定の枠に属さない、わからない、決められない、決めない人もいる。性のあり方はそもそも揺らぎのあるものであり、必ずしもその人のアイデンティティを表す「名前」があるわけではない。だからこそ、性的指向や性自認という要素について、「ふつう」や「あたりまえ」とされるような規範に則っていない性的マイノリティに関しては、「性的指向や性自認などの情報を本人の同意なく勝手に暴露してはいけない」という規定が有効になるのだ。

だから、パワハラ防止法の規定についても「性的指向・性自認の望まぬ暴露であるいわゆるアウティングも雇用管理上の措置の対象になり得る」と記載されているが、こちらも当然、性的マイノリティを想定したものとなる。

付け加えるとしたら、パワハラ防止法が規定する職場のパワーハラスメントとは、「①優越的な関係を背景とした言動」であり、「②業務上必要かつ相当な範囲を超えたもの」により、「③労働者の就業環境が害されるもの」という三つの要素を満たすものとして表される。

この三つ目の「労働者の就業環境が害されるもの」については、労働者が身体的または精神的に苦痛を与えられるなどして、看過できない程度の支障が生じることを指しており、その判断にあたっては「平均的な労働者の感じ方」を基準とするよう示している。平均的というのは、厚労省のパンフレットによると、「同様の状況で当該言動を受けた場合に、社会一般の労働者が、就業する上で看過できない程度の支障が生じたと感じるような言動であるかどうか」によるという。[12]この「平均的」の解釈にはやや疑問も残るが、基本的には「客観性」に基づいてパワハラかどうか判断されるということだ。

この規定とアウティングの問題を照らし合わせると、シスジェンダー・異性愛者であることを暴露されたとしても、性的マジョリティは、これによって就業環境が害されることはないだろう。しかし性的マイノリティの場合は害される可能性があるため、やはりここでも、性的マイノリティにとっての性的指向や性自認の暴露がアウティングの対象として想定されていると言える。

カバーしきれない「言葉」の問題

ここまであたりまえに「性自認」という言葉を使ってきたが、これについては留意が必要な点もある。

というのも、実は「性自認のアウティング」といったときに、トランスジェンダーのアウティング被害をめぐる問題を、論理的にはカバーしきれているとは言えないからだ。

例えば、生まれたときに割り当てられた性別は女性の「トランスジェンダー男性」または「Xジェンダー」で、周囲からは現状「女性」だと認識されている人にとって、カミングアウトは「性自認が男性（またはXジェンダーであること）」だと伝えることになる。そしてこのとき、伝えた相手が「〇〇さんは実は男性だ（または男性でも女性でもないなど）」と暴露することは、「性自認のアウティング」にあたる。

一方で、現在周囲からも「男性」と認識されている「トランスジェンダー男性」で、性別適合手術を受けていないことなどから、法律上の性別を変更していない／できない人の場合、カミングアウトする際に伝えるのは「性自認」ではなく、「法律上の性別」になる。アウティング被害についても、「〇〇さんは実は（法律上の性別は）女性だ」という表現が想定されるだろう。こうしたケースは、「性自認のアウティング」という規定では厳密にはカバーされないことになる。

シスジェンダーが前提となる社会では、トランスジェンダーをめぐるアウティング被害といったときに、「性自認」だけでなく、トランスジェンダーであること、生まれたときに割り当てられた法律上の性別と性自認が異なる状態であることが暴露の対象になるのだ。

この点について、大阪大学文学研究科講師の三木那由他《なゆた》氏が、『群像』の連載で、トランスジェンダーに対する差別について「性自認を理由とする偏見や差別」と表現することへの疑問を投げかけている。[13]

先述の通り、「性自認」という概念は、シスジェンダーもトランスジェンダーも含め、すべての人に何らかの関係があるものだと説明した。そうすると、例えば、シスジェンダーの男性もトランスジェンダー男性も、性自認は同じ「男性」だが、「それにもかかわらず、一方がシスジェンダーで他方がトランスジェンダーであることにより、後者には法制度上の制限を含めたさまざまな困難が生じている、というのがポイントなのではないか」と三木氏は指摘している。[14]

確かに、シスジェンダーの男性もトランスジェンダー男性も、同じ「男性」というアイデンティティであるにもかかわらず、トランス男性のみに特有の困難が生じていることは「性自認を理由とする困難」というより、「生まれたときに割り当てられた法律上の性別と性自認が異なる状態であること」、つまり「トランスジェンダーであること」を理由に差別的取り扱いを受けるなどの困難が生じていると言うべきだろう。

ワシントン大学大学院社会学研究科博士候補生の平森大規《だいき》氏も、「実は『性自認』はシスジェンダー、トランスジェンダーなどを示す用語ではない」という問題について、自身も関わる研究チームでは「性自認のあり方」という表現を使っていると言及している。[15]

これについて、三木氏も一つの言葉を紹介している。トロント大学の法学、生命倫理の大学院生であるフローレンス・アシュリー氏が、「ジェンダー・モダリティ（gender modality）」という言葉を使い、「トランス〔ジェンダー〕の人々はジェンダー・モダリティのゆえに差別を経験している」という表現を提案しているというのだ。[16]三木氏はこの言葉について、漢字を使うなら「ジェンダー様式」や「性様式」という表現が利用できるのではないかと述べている。[17]

本書では、法律の規定を紹介する際などに、「性自認に関するアウティング」といった表現を使用してきたが、これは法律上の性別をアウティングすることなど、出生時に割り当てられた性別と性自認が異なるかどうかの「状態」をも含む言葉として、正確ではないが、暫定的に使っていきたいと思う。

「ジェンダー・モダリティ（ジェンダー様式／性様式）」といった表現が定着するかは定かではない。しかし、少なくとも「性自認」を理由とした差別やハラスメント、そして「性自認のアウティング」ではカバーしきれないトランスジェンダーをめぐる困難については、より正確にカバーするような言葉を検討し続ける必要がある。

被害に対処する「仕組み」

アウティング行為の禁止が条例に示されたことや、パワハラ防止法で防止対策が義務付けられたことは、一義的に、その行為自体が「問題である」という認識を広げる上では非常に重要だった。

一方で、実際に起きてしまった場合に何らかの罰則を設けるべきかどうか、という点は難しい。もし設けるとすると、その範囲は相当厳格に規定される必要があるだろう。先述した通り、東京都豊島区は条例でアウティングを禁止しつつ、アウティング行為が起きた際に何らかの罰則を設けているわけではない。ただし、苦情処理の「仕組み」を設けることによって区が調査や斡旋をおこない、和解に至っている。

また、区に申し立てをおこなったBさんは企業名の公表を求めていたが、実際に、アウティングではないものの、企業名の公表が可能な規定を設けている自治体もある。例えば、東京都渋谷区の「渋谷区男女平等及び多様性を尊重する社会を推進する条例」では、性的マイノリティに関する差別の禁止が明記されている。豊島区と同様に、区民や事業者は申し立てをおこなうことができ、区は必要に応じて調査、助言や指導をおこなったりすることができる仕組みとなっている。さらに、指導を受けた関係者が従わず、この条例の目的や趣旨に著しく反する行為が続くような場合は勧告をおこない、それでも従わない場合は名前を公表することができると規定している（第一五条）。

渋谷区の例はアウティングを対象としたものではないが、調査や斡旋をおこない、場合によっては指導、そして勧告、それでも従わなかった場合は企業名を公表するといったこの一連の規定は、アウティング行為への対応についても利用できるのではないかと考えられる。

さらに、一橋大学アウティング事件控訴審裁判では、アウティングが「人格権ないしプライバシー権などを著しく侵害するものであって、許されない行為であることは明らかである」という判断が示されたが、こうした点から、民事訴訟において、アウティング行為によるプライバシーなどの侵害について賠償が求められることは今後あり得るだろう。

現実を矮小化せずに、理想を語れるか

ここまで、アウティングをめぐる法規制の現状を確認してきた。アウティングを禁止することによって、性的マイノリティが暴露による差別やハラスメントを受けることなどを防ぐことができるかもしれない。

しかし、根本的には、そもそもなぜそうした不利益が発生してしまうのか、そこが解決しないかぎりアウティングによる「被害」はなくならない。言い換えるなら、そもそも性的マイノリティに対する差別や偏見がなくなれば、アウティングを禁止する法律は必要ない。その意味でも、アウティングを禁止する法制度は過渡的なものであると言える。この点については、第

九章以降で詳しく述べたい。

「差別や偏見がなくなれば」と、言葉にするのは簡単だ。しかし、実際にそれはいつなくなるのか、そもそもなくすことなどできるのか。いつ平等な社会は実現するのか、できるのか。こうした議論を蔑《ないがし》ろにしたまま理想のみを語っていないか、注意が必要だ。

例えば、似たような議論として「将来的には、わざわざＬＧＢＴＱという言葉で括《くく》らなくてもよい社会をつくりたい」「そもそもＬＧＢＴＱという言葉すらなくなるほど、存在があたりまえになると良い」といった言葉を見聞きすることがある。

これも確かに間違ってはいない。究極的には、すべての人が性のあり方は多様であることを前提に、それぞれが平等に扱われるような社会になればいい。そのときには「ＬＧＢＴＱ」という言葉も括りもいらなくなるかもしれない。

しかし、そうであればこそ、それが実現するのは一体いつなのか、私たちは問い続けなければならないし、なぜわざわざ括る必要があった／あるのか、その歴史にも目を向けなければいけない。

現在、性的指向や性自認に関する差別的取り扱いの禁止を法律に明記する国は増えている。それでも、差別や偏見はすぐにはなくならないし、なくなっていない。究極的な理想や目標を掲げることの必要性は理解しつつも、依然としてさまざま領域に横たわる差別の問題を見れば見るほどに、「わざわざＬＧＢＴＱと括らなくてもよい社会を」といった言葉を使うことの空虚さにも直面する。いま、この国で、私たちの目の前で起きている苛烈な実態を直視していたとしたら、果たしてこれは簡単に口に出せる言葉だろうか、とも思ってしまう。

アウティングも同様ではないか。多様な性のあり方の人たちがあたりまえに存在し、あたりまえに受け止められるような社会であれば、アウティングされたところで不利益など生じないだろう。自分の星座が「獅子座」であることを自己紹介で伝えても、「そうなんだね」と言われるだけで、それ以上でもそれ以下でもない。ただの一つの情報にすぎない。「松岡って、実は獅子座なんだって」と暴露される恐怖もない。暴露されたとしても何も起きないだろう。獅子座であることを理由に差別されることもないはずだ。

これと同じように、「ゲイ」であることをカミングアウトしても、メリットもデメリットもないような社会であれば、アウティングを禁止する法制度も、アウティングという言葉すらも不要になる――。理屈ではそうだし、そういう社会になると良い。

しかし、そうした「理想」をめぐる議論が、いま、目の前で起きている深刻なアウティング被害を、その差別的な「現実」を矮小化してしまってはいないか。常に現実を見つめながら、注意深く捉えていく必要があると思う。

[1] 「LGBT暴露禁止 指針1割　都道府県・政令市の対応調査」『東京新聞 TOKYO Web』二〇一九年七月二九日

[2] 松岡宗嗣「国立市でアウティング禁止を明記、筑波大はハラスメントとして対処。それでも残る課題を解決するために必要な2つのこと」『HuffPost』二〇一八年四月六日

[3] 風間孝＋北仲千里＋釜野さおり＋林夏生＋藤原直子「大学における性的指向・性自認（SOGI）に関する施策及び取り組みに関する全国調査報告」『社会科学研究』第四一巻第二号、二〇二一年三月、二一六（一五）頁

[4] 令和二年厚生労働省告示第五号「事業主が職場における優越的な関係を背景とした言動に起因する問題に関して雇用管理上講ずべき措置等についての指針」二〇二〇年一月一五日

[5] 例えば以下の記事など。松岡宗嗣「善意でも危険。職場で同性愛暴露され精神疾患に。豊島区に救済を申し立て」『Yahoo! ニュース』二〇二〇年六月一二日

[6] 國崎万智「性的指向を上司に暴露され精神疾患に。アウティング行為として労災申請へ」『HuffPosr』二〇二〇年六月二日

[7] 「アウティング被害、異例の和解 企業側が謝罪、男性に解決金」『共同通信』（47NEWS）二〇二〇年一一月二八日

[8]　・豊島区男女共同参画苦情処理委員「意見表明書第2号」二〇二〇年一二月一〇日
・豊島区長 高野之夫「措置報告書第3号」二〇二一年二月八日

[9]　大貫聡子「『SOGIハラ』で労災認定　性別変更した看護助手が精神障害を発症」『朝日新聞デジタル』二〇二一年九月一二日

[10]　奥野斐「『#職場でのアウティングは労災』…労災申請の同性愛者の男性、6月に厚労省に署名提出へ」『東京新聞 TOKYO Web』二〇二一年五月二二日

[11]　NPO法人POSSE「【厚労省へ署名を提出しました】『職場でのアウティングは労災になりうる』という回答を得ました!」『change.org』二〇二一年六月一七日

[12]　厚生労働省 都道府県労働局雇用環境・均等部（室）「職場におけるパワーハラスメント対策が事業主の義務になりました!」二〇二〇年二月作成

[13]　三木那由他「言葉の展望台④言葉の空白地帯」『群像』第七六巻第八号、講談社、二〇二一年八月、四六六〜四六七頁

[14]　前掲[13]四六七頁

[15]　平森大規 @daiki_soc「『性的指向・性自認（SOGI）』という言葉がよく使われてるけど、実は『性自認』はシスジェンダー、トランスジェンダーなどを示す用語ではないという問題、自分たちの研究チームでは『性自認のあり方』と呼んでるけど、"gender modality"という表現があるのを初めて知った。」二〇二一年六月一八日、Twitter の投稿。https://twitter.com/daiki_soc/status/1405557179780718594

[16]　Florence Ashley, "'Trans' Is My Gender Modality: A Modest Terminological Proposal"

〔17〕前掲〔13〕四七〇頁

第七章

アウティングとプライバシー

プライバシーとは何か

アウティングが問題となるのは、社会の側に性的指向や性自認に関する差別や偏見があるからだ、と述べてきた。暴露されることで、突然「気持ち悪い」という侮蔑的な言葉を投げ付けられたり、「生産性がない」などと劣位に置かれたり、家から追い出されたり、深刻ないじめ被害を受けたり、就活で内定を切られたり、不当な扱いや不利益を被ってしまう現状がある。

一橋大学アウティング事件裁判の控訴審判決では、アウティングが「人格権ないしプライバシー権などを著しく侵害するものであって、許されない行為」だと示された。アウティングの違法性を示した非常に画期的な判断だが、そもそも「人格権ないしプライバシー権などを著しく侵害する」というのはどういうことなのか。「プライバシー」という言葉を説明しろと言われたら、少なくとも私は言いよどんでしまう。

辞書を引いてみると、プライバシーとは「個人や家庭内の私事・私生活。個人の秘密。また、それが他人から干渉・侵害を受けない権利」(『大辞泉』小学館)、「他人の干渉を許さない、各個人の私生活上の自由」(『広辞苑』岩波書店)などと書かれている。なんとなく理解できるようで、つかみづらい。「個人や家庭内の私事・私生活」「各個人の私生活上の自由」といった点は、具体的に何を表しているのだろうか。
中央大学総合政策学部准教授・宮下紘《ひろし》氏の『プライバシーという権利――個人情報はなぜ守られるべきか』によれば、プライバシーの権利が最初に提唱されたのは、一八九〇年のアメリカの法律雑誌『ハーバード・ロー・レビュー』に掲載されたサミュエル・ウォーレンとルイス・ブランダイスの論文だ。そこでは、プライバシー権とは「ひとりにしておかれる権利（the right to be let alone）」と解釈されていたという。[1]
さらに、宮下氏はプライバシー権を考えるにあたり、「プライバシー自体が相対的な概念であることを前提とせざるを得ません。人により、経済状況、健康状況、思想や信条など、何をどの程度センシティブと感じるのかは異なります」と、そもそもプライバシーという概念が絶対的なものではなく相対的（曖昧）なものであることを指摘している。[2]
アメリカでも、プライバシーの権利は「ひとりにしておかれる」ことだけでなく、その後の議論の中で、自己に関する情報の流れを「コントロールする権利」という概念も含めて用いられるようになっていったそうだ。
プライバシーは、秘密を隠すことというよりは、人格の自由な発展に関する情報を自らの管理下に置くことを意味します。

そのため、プライバシー保護は、単なる守秘義務とは異なります。プライバシー保護は情報管理を通じて、他者との布置関係を本人に構築させる契機を与えています。このことはアメリカではいつ、どの程度自らの情報を他者に開示するかを決定する権利としての「自己情報コントロール権」と呼ばれてきました。これに対し、ドイツ的な発想では、情報のコントロールに主眼を置くのではなく、人格発展のプロセスに付随する様々な情報を自らの自己決定にかかわらしめる「情報自己決定権」という名称が広く使われてきました。

（『プライバシーという権利』一六頁）

さらに、宮下氏によれば、日本において「人格権」とは、「主として生命・身体・健康・自由・名誉・プライバシーなど人格的属性を対象とし、その自由な発展のために、第三者による侵害に対し保護されなければならない諸利益の総体」と定義される。[3] つまり、「プライバシー権」は「人格権」の一つとして捉えられている。そして、人格権は日本国憲法における「幸福追求権」を一つの手掛かりとして、個人としての尊重の理念を体現している権利であるとまとめることができるのだという。[4] ただし、「人格権」「幸福追求」そして「個人の尊重」については、「それぞれ深遠な哲学的議論」が存在し、その中にプライバシー権を精緻に位置付けることは困難な課題だとも述べている。[5]

一橋大学アウティング事件裁判の控訴審判決において「人格権ないしプライバシー権など」と関連付けられたことの背景には、こうした思想があるのだろう。

ちなみに、日本では「プライバシー」は法律で明記されていない。

一九六四年の「宴《うたげ》のあと」事件と呼ばれる裁判で、東京地裁が「いわゆるプライバシー権は私生活をみだりに公開されないという法的保障ないし権利として理解される」と述べ、侵害行為に対する救済の道が開かれていった。その際、プライバシー権の侵害の判断基準として、私生活上の事実または私生活上の事実らしく受け取られるおそれがあることや、一般人の感受性を基準にしてその人の立場に立ったときに公開を欲しないであろうこと、一般の人々にまだ知られていない事柄であり、それが公開されることで当人が不快、不安を覚えることなどが示された。「ここで重要な点は、公開された事柄が真実か否かではなく、むしろ『私人が一般の好奇心の的』となることで生ずる精神的不安、負担、苦痛がプライバシー保護の対象とされているという点」だと宮下氏は指摘している。[6]

二〇〇三年に民間事業者の個人情報の取り扱いについて規定した「個人情報保護法」が成立したが、当時の総務庁は、プライバシーとして保護されるべき利益が多岐にわたり、社会や文化、時代によって異なる相対的なものであると考えたため、プライバシーという言葉が明記されなかったという。一方で、個人情報保護委員会によると、「個人情報」とは「生きている個人に関する情報で〔…〕特定の個人であると分かるもの及び他の情報と紐づけることで容易に特定の個人であると分かるもの」であり、個人情報の適正な取り扱いによってプライバシーを含む個人の権利利益を図るとして、結果的にプライバシーの権利を後押しする形になっているようだ。[7]

要配慮個人情報

二〇一五年に個人情報保護法が改正された際、新たに「要配慮個人情報」の規定が設けられた。ここでは、特に機微（センシティブ）であるとして配慮を求める情報、すなわち「要配慮個人情報」について、原則として本人の同意を得ずに取得することなどの禁止が明記された。その中には、例えば以下の個人情報が含まれる。

本人の人種、信条、社会的身分、病歴、犯罪の経歴、犯罪により害を被った事実その他本人に対する不当な差別、偏見その他の不利益が生じないようにその取扱いに特に配慮を要するものとして政令で定める記述等が含まれる個人情報をいう。

（「改正個人情報保護法」第二条三項）

なぜ要配慮個人情報が規定されたのか。当時の国会での議論を見てみると、本人の意図しないところで要配慮個人情報が取得されることによって、本人が差別的取り扱いを受けてしまうことを防止するために、特に慎重な取り扱いが求められる個人情報を類型化し、特別な規律を設けたのだという。さらに、第九章でも触れるが、海外ではこうしたセンシティブな個人情報についてすでに特別な規律を設けているところもある。特にEUからは、日本の個人情報保護の制度が十分な水準にあると認定されておらず、EUから個人情報を移転することが制限されていたことなどから、国際的にも整合性の取れた規律とするために要配慮個人情報の規定が新設された側面もある。[8]

残念ながら性的指向や性自認などは盛り込まれなかったが、何が「要配慮」にあたるかは、その属性が暴露されることで「不当な差別、偏見、その他の不利益」を受けるかどうかや、EUなどで定められる国際的な規律との「整合性」が線引きとなり決められたと言えるだろう。

人格の発展、情報のコントロール

ここまで、プライバシーの権利をめぐり、重要な言葉や考え方がいくつも出てきた。これらの点を「アウティング」の問題に引き付けて考えてみたい。

シスジェンダー・異性愛が前提である社会では、規範的ではないとされる人たちが排除され、差別や偏見による被害を受ける可能性がある。そうした人たちが自身の性のあり方を伝えることには、さまざまなリスクをともなう。そんな社会の中で人格を自由に発展させていくためには、自身の性のあり方に関する情報を自らの管理下に置き、自分でコントロールしている状態にしなければ、文字通り安全が脅かされる。また、こうした社会では、それ以外の性のあり方が暴露されると噂としてめぐってしまうことがある。すなわち、性のあり方に関する情報が一般の好奇心の的として扱われてしまう。これまでに述べてきたアウティングによるさまざまな被害からもわかるように、アウティングされることで周囲の人々から嘲笑され、不当な差別、偏見、その他の不利益を被ることは、まさに精神的不安、負担、苦痛にほかならず、権利の侵害といえるだろう——。

さらに、宮下氏は著書の中で「プライバシー」と「信頼の確保」について以下のように述べている。

> プライバシーは信頼の確保について考えることでもあります。自身の秘密を明かすことができるのは、信頼できる人だけです。信頼できる人は自分の秘密を守ってくれる人であり、共感してくれる人です。妊娠した女性が医師に話をするのは医師が患者の秘密を守ってくれるからであり、また妊娠したことを打ち明けるのを親しい友人のみにとどめておくのはその友人を信頼しているからです。これに対し、女性の買い物の履歴から見ず知らずのスーパーが突然ベビー用品のクーポンを送りつけることは、信頼関係に基づかない私的圏域への侵略とみなされることがあるでしょう。プライバシーの保護は、大切な財産を信頼のおける人に託す信託という制度とのアナロジーが成り立ち、この信頼とプライバシーとの関係は重要になってきます。
>
> （同前、二一一〜二一二頁）

第三章で、カミングアウトは「信頼の証」でもあると述べた。他者との人間関係は当然、自らの「人格を自由に発展」させる上でも強く影響する。性的指向や性自認といった属性についても伝えた上で良好な人間関係を築きたいという想いは、当然の欲求と言えるだろう。しかし、性的マイノリティの側ではなく社会の側にある障壁として、当事者の存在が想定されず、制度的・文化的にも排除され、劣位に置かれ、安全ではない状況下でカミングアウトすることは恐怖をともなうものでもある。だからこそ、伝える相手は慎重に決めたい。「この人なら大丈夫だろう」という期待を持って伝えることもあれば、「受け入れられないかもしれない、それでもこの人には知っておいてほしい」という想いから伝えることもある。だからこそ、カミングアウトは「信頼の証」にもなるのだ。もちろん、これらは性的指向や性自認にかぎった話ではない。人にはそれぞれ秘密があるのだから。その点において、「プライバシー」と「信頼」とは相互に関連してくる概念なのだろう。

なお、一橋大学名誉教授の堀部政男《まさお》氏によると、一九七五年三月に東京都国立市で「電子計算組織の運営に関する条例」が制定され、「個人的秘密の保護」という規定が一か条入った。これが日本における最初のプライバシー保護条例だという。[9] アウティングの禁止、そしてカミングアウトが個人の権利であると条例で示したのも、国立市が日本ではじめてだ。人権とプライバシーを積極的に保護しようとしてきた国立市の歴史性を感じる。

なにより、国立市の条例で示された、アウティング、カミングアウトの強制、カミングアウトをさせないことの禁止と（「何人も、性的指向、性自認等の公表に関して、いかなる場合も、強制し、若しくは禁止し、又は本人の意に反して公にしてはならない」）、その基盤としての個人の権利としてのカミングアウトという位置付け（「性的指向、性自認等に関する公表の自由が個人の権利として保障されること」）が関係付けられたことの大きな意義が、ここまでに確認してきたプライバシーをめぐる議論からもわかってくる。

「個は、他から肇造《ちょうぞう》される客体ではなく、自由に人格発展していく主体です。これがプライバシー権の核心です」――宮下氏はこのように指摘している。[10]

いま、この社会を生き抜く上で、自分自身の性のあり方と向き合い、他者と関わり合う中で、ときに葛藤し、ときに受け止めたり、受け止められなかったり、アンビバレントな想いを抱えながらも、さまざまな場面で折り合いをつけていくこと。私が私としての人格を発展させながら生きていくために、個人として尊重され、情報をコントロールする権利が侵害されることのないよう、またカミングアウトの自由が個人の権利として守られるよう、アウティングはしてはいけないという原則を示すことがきわめて重要なのである。

[1] 宮下紘『プライバシーという権利――個人情報はなぜ守られるべきか』岩波新書、二〇二一年二月、二九～三〇頁。本章の議論は主にこの文献を参照
[2] 前掲[1]一八頁
[3] 前掲[1]三九頁
[4] 前掲[1]四七頁
[5] 前掲[1]五五頁
[6] 前掲[1]三三～三四頁
[7] 個人情報保護委員会「よくある質問(個人向け)」
[8] 山口俊一氏の発言「第189回国会参議院内閣委員会第9号」二〇一五年五月二六日
[9] 堀部政男「プライバシー保護法制の歴史的経緯」『法律文化』二〇〇二年一一月、一九頁
[10] 前掲[1]五九頁

第八章

アウティングの線引き

アウティングをめぐる三つの線引き

ここまで、アウティングによる被害の実態や、なぜアウティングが起き、どうしてそれが問題となるのか、そして、アウティングをめぐる法制度の現状などについて考えてきた。

第七章では、そもそも「プライバシー」とは何なのかという点まで立ち返ったが、人によって何が、どの程度センシティブだと感じられるかが異なるように、「プライバシー」という概念がそもそも絶対的なものではないことが見えてきた。

それではなぜ、性的指向や性自認といった情報が一義的に取り上げられ、それらを暴露することが「アウティング」と名付けられ、問題視されているのだろうか。

一橋大学アウティング事件とその裁判をめぐる報道によって、「アウティング」という言葉や危険性が認知されるようになったのは重要な一歩だった。一方で、なぜアウティングが命の危機につながってしまう場合があるのか、その背景にどのような問題があるのか、どういう場面がアウティングにあたるのか、あるいは、アウティングが例外的に認められることはあるのかなど、その「線引き」に関する議論は曖昧なまま、「アウティングは絶対にしてはいけない」という認識だけが強調され、広がっている現状がある。

実際問題として、アウティングが起こる具体的な状況は多面的でかなり複雑だ。私自身アウティングされたこともあれば、したこともあるように、当事者同士であれば暴露しても良いだろうと思いがちな場合もある。秘密を他者に共有しなければ当事者の命の危機につながる、というような緊急性の高い場合には認められるのではないか、といった論点もある。あるいは、事件報道の際に、本人情報を明かしていなくても本人だと推察できてしまう場面などはアウティングに該当するのか否か、該当するとしたら「問題」となるのはなぜなのか。さまざまなシーンでこの「線引き」の問題にいきあたる。

そこで本章では、アウティングをめぐる「線引き」について、三つの観点から考えてみたい。

一つ目は、性的指向や性自認など、性のあり方に関する情報はなぜ暴露してはいけないのか、という「属性」の線引きだ。マイノリティと呼ばれる属性には、性的指向や性自認以外にもさまざまなものがあるはずだ。その暴露が認められるかどうかの線引きはどのように考えられるのだろうか。

二つ目は、どういう「場面」がアウティングにあたるのか／あたらないのか、という線引きの問題だ。すでに善意であってもアウティングが問題となる可能性があることを指摘したが、特にどんなシーンに注意していく必要があるか、探っていこう。

三つ目は、アウティングは絶対にしてはいけないのかという、「許容範囲」をめぐる線引きの問題だ。例外的にアウティングが問題とならない（つまり結果として認められ得る）場合はあるのか、否か。あるとしたら、その線引きはどこにあるのだろうか。

（一）属性

パワハラ防止法では、アウティングもパワーハラスメントに含まれ、防止対策を講じることが企業に義務付けられた（第六章）。「指針」では、厳密にアウティングという言葉が明記されているわけではないが、「労働者の性的指向・性自認や病歴、不妊治療等の機微な個人情報について、当該労働者の了解を得ずに他の労働者に暴露すること」と明記された。

ここで示されている「機微な個人情報」には、「性的指向・性自認」だけでなく、「病歴」や「不妊治療」も含まれている。妊娠や出産、育休などを理由とする嫌がらせ、不利益な取り扱いなどを「マタニティハラスメント（マタハラ）」といい、「男女雇用機会均等法」や「育児・介護休業法」により禁止され、企業には防止対策などが義務付けられている。

一方で、妊娠する前の妊活や不妊治療に対するハラスメントに関してはカバーしきれていなかったことや、厚労省の調査では不妊治療中、または不妊治療を予定している人々のうち七〇%以上が職場に一切伝えておらず、その理由として最も多いのが「不妊治療をしていることを知られたくないから」という回答だったことなどから、パワハラ防止法の中で暴露してはならない機微（センシティブ）な個人情報として含まれたという経緯がある。[1]

このように、暴露されることで不利益を被る「属性」はさまざまだ。

性的指向や性自認などの情報の暴露がなぜ問題となるかは、ここまでの章の折々で触れてきた通りだ。性的マイノリティに対する差別や偏見が根強く残る社会では、性のあり方が暴露されることで、場合によっては命の危険につながるほどの不利益を受ける可能性がある。安全を脅かされず、自分の人格を自由に発展させていくためには、自身の性のあり方に関する情報を誰にカミングアウトし、誰にカミングアウトしないのか、その情報をコントロール下に置いておく必要がある。だからこそ当事者たちは、ことさらに性的指向や性自認など、性のあり方にまつわる情報を暴露することを「アウティング」と名付け、その問題性を指摘してきたのだ。

人にまつわるさまざまな情報の中には、性的指向や性自認などと同様に、暴露されることで不利益を被ってしまうものがある。では、それを決める「線引き」はどこにあるのだろうか。

この点を考える際の補助線として、再び「個人情報保護法」の「要配慮個人情報」を参照してみたい。

「在日コリアン」の場合

個人情報保護法では、「不当な差別、偏見、その他の不利益」を受けることを防止するために、本人の人種や信条、社会的な身分、病歴、犯罪の経歴といった、特に配慮が求められる「要配慮個人情報」について、本人の同意を得ずに取得することなどの禁止が明記された。

例えば、「人種」に関する要配慮個人情報としては、「在日コリアン」「アイヌ民族」などが該当するだろう。ただし、個人情報保護委員会によると、「単純な国籍や『外国人』という情報は法的地位であり、それだけでは人種には含まない。また、肌の色は、人種を推知させる情報にすぎないため、人種には含まない」という。[2]

ここで、「在日コリアン」に関する情報の暴露事例について取り上げてみたい。在日コリアンをめぐっては、性的マイノリティと同様に、その情報を暴露されてしまうことで、さまざまな差別や偏見、不利益を受けることがある。

作家の深沢潮《ふかざわうしお》氏は、過去に受けた暴露の被害について、朝日新聞に次のように語っている。[3]

「日本の通称名で生活していましたが、中学3年のころ友だちの間で『あの子は韓国人』と暴露され、『韓国人はくさい』と仲間はずれにされたのがショックで自殺を試みました。家にあった胃腸薬を一瓶飲みましたが、むかむかしてすべて吐き、事なきを得ました」

母親になると、今度は深沢氏のことを在日コリアンと知らないママ友から韓国人を見下す発言を聞かされ、「心臓に針をさされたような気持ち」になったという。

他、毎日新聞の取材によると、都内の大学院に通うある在日コリアンの女性がメディアの取材を受け、朝鮮半島にルーツがあることがわかる本名のまま記事がネットに流れたことで、その女性を名指しして差別する言葉がSNS上に並んだという。[4]

公益財団法人朝鮮奨学会がおこなった「韓国人・朝鮮人生徒学生の嫌がらせ体験に関する意識調査」によると、高校から大学院までに通う朝鮮奨学会の奨学生一〇三〇人（有効回収数）のうち、民族差別による「ネット上での嫌な体験」をした、「ヘイトデモ・街宣の見聞き」があった、と答えた人はいずれも七割以上にものぼっているように、[5]暴露による被害が生じる背景には、日常的に差別や偏見を受け続けるような状況が色濃くあることがわかる。

差別や偏見の構造、歴史、被害の程度や種類などは属性や置かれた立場によって異なり、安易にその経験を重ねることには注意が必要だが、性的マイノリティのアウティングをめぐる被害とも重なる点は少なくないだろう。

インターセクショナリティの視点

深沢氏の語りのように、日本の通称名で生活し、周囲からは在日コリアンの存在自体が想定されず、当然のように「自分たちと同じ存在」だとして扱われる点は、誰もがシスジェンダーの男女かつ異性愛であることを想定されるために、その存在がいないものとされている性的マイノリティにも通ずる構造がある。

その上で、深沢氏がママ友から韓国人を見下す発言を聞かされるなど、「韓国人を差別する空気」を吸い込みながら生きなければならないのと同様に、性的マイノリティも、その場に当事者がいるとは想定されず、あたかも一般論であるかのように、同性愛嫌悪やトランスジェンダー嫌悪の言葉を浴びせられ、「差別する空気」を吸いながら生きなければならない。こうした状況では、もしひとたび属性に関する情報が暴露されれば、社会の端へと追いやられ、自死へとつながる危険さえある。

前述の朝鮮奨学会の調査では、嫌がらせを受けたという回答は男性より女性が多く、「民族的マイノリティ」と「女性」という二つの側面から「複合差別」を受けていることも明らかになっている。

黒人女性のフェミニストで法学者のキンバリー・クレンショー氏が提唱した「インターセクショナリティ」という概念が示すように、例えば、女性であり、レズビアンであり、在日コリアンといった人の場合、それぞれの差別構造という道路の「交差点」に立つことになるため、いずれか、あるいはどの方向からも車に轢《ひ》かれるというような「複合差別」を受けることがある。しかも、それだけでなく、在日コリアンの女性であり性的マイノリティであるということで経験する差別や抑圧は、単なる合計ではない、異なる性質を持っている可能性がある。

アウティングとそれに基づく被害についても同様に、単に複数の属性やアイデンティティがそれぞれ暴露され、被害が重なるということだけでない、複雑な抑圧の経験や構造があり得ることに目を向けることが重要だろう。[6]

「ハーフ」や「ミックス」の場合

性的指向や性自認などは一見、外から見えにくいものであり、だからこそアウティングという問題の発生につながる。一方で、「ハーフ」や「ミックス」などをテーマとする研究者の下《しも》地《じ》ローレンス吉孝《よしたか》氏によると、外見などに見えやすい違いがある人に関しても、ルーツなどについて一方的に「なんでも質問していい」「勝手に広めていい」ものだと軽視されてしまう面があるという。

例えばある学校では、生徒が一部の人に父親がアフリカ出身であることを伝えたところ、いつの間にか噂が広がり、すぐに「お父さん〇〇人なんでしょう？」と学校中で声をかけられるようになってしまったという。外見やふるまいからはその人の性的指向や性自認がわかるとは言い切れないのと同様に、外見に見えやすい違いがあるからといって、「その人の持つ文化的背景や言語能力、どこの国とつながりがあるかというナショナルな背景」はわからない。[7] もちろん、中国や韓国などの国にルーツを持つ人々など、「ハーフ」や「ミックス」の人々全員が、外見などに見えやすい違いがあるというわけではない点にも注意したい。

こうした人々がカミングアウトする場面においても、やはり自らのルーツを開示することで、学校でいじめを受けてしまったり、付き合っている相手の親から結婚を許されなかったりするような場合がある。だからこそ、当事者は伝える相手を慎重に見定めていることが多い。性的マイノリティにおいて、悪意あるアウティングだけでなく、「良かれと思って」と善意のアウティングが起きてしまうように、やはりここでも、その人のルーツや属性が「たいしたものではない」と勝手に判断され、暴露されてしまうことがあるのだ。

「難民」に関する報道

第三章では、報道各社に向けて作成した「LGBT報道ガイドライン」について少し触れたが、性的マイノリティ以外にも、例えば「難民」に関する報道の問題について、支援団体が注意を呼びかけている。

認定NPO法人難民支援協会は、難民について報じる際に、「顔・名前・居住エリア・就労先」「身体的特徴」「出身国・地域、民族、年齢、難民となった/逃れてきた経緯」など、個人が特定されないようにすること（その際、個別の情報では特定できなくても、「組み合わせ」によって特定できる恐れがあることにも注意が必要）、日本語以外に翻訳されたり、SNSに転載され、不特定多数に広がり、あとからの削除が困難になったりするなど、情報が伝わる範囲について事前に本人と協議することなどを求めている。[8]

なぜ注意を呼びかけているのか。その背景には、例えば日本の入管（出入国在留管理庁）に情報が見られ、場合によっては難民認定に不利になってしまう可能性があること、さらには就労や許可されていない移動などの情報が知られることで、収容・送還等に影響が出る恐れがあること、さらにはヘイトスピーチの対象となってしまったり、学校や職場でのいじめ、嫌がらせなどにつながる恐れもあることなどが挙げられている。

加えて、国際報道や在日大使館経由で伝わってしまった情報によって、本人だけでなく本国にいる親族や関係者がさらなる迫害を受ける恐れもある。難民支援協会は、日本に逃れてきた難民の状況や背景について、まだ社会的に十分な認知がされていないことから、難民保護のための報道の重要性について示しつつも、一方で、難民個人の報道に関しては慎重な姿勢を求めている。ここにも性的マイノリティに関する報道によるアウティング被害に通ずる課題がある。

言葉の汎用性

暴露されることで差別や偏見による不利益を被る可能性がある「属性」は、人種や民族に関わる機微な情報以外にも、例えば部落差別などに関わる出身や地域、身体や精神障害、癌《がん》やHIV／AIDSといった病歴や感染症など、さまざまだ。これらの情報が暴露されることで生じる被害は、それぞれに特有の抑圧経験があることに注視する必要がありつつも、やはり一定の共通性もあると言える。「アウティング」という言葉が他の属性についても使える言葉なのかどうかという議論は、まさにこの点につながってくるだろう。

例えば、「カミングアウト」という言葉は第三章で説明した通り、「クローゼットから出る(come out of the closet)」という言葉からきており、性的マイノリティが自身の性のあり方を自覚し、クローゼットから出ること、同じような当事者と出会いに行ったり、他者に自身の性のあり方を開示したりすること、という文脈がある。

しかし、この言葉はテレビ番組で、あまり知られていない各県・各地に特有の行事や慣習などを明らかにする際にも使われるように、いまや性的マイノリティの枠を超えて、単に自身の秘密を他者に伝えること全般を指す言葉としても使われている。この点について、私も含む当事者の中にも、「カミングアウト」という言葉の歴史性や重みが軽視される面があるのではないかと危惧する声がある。

一方で、「要配慮個人情報」が示すような、差別や不利益を受けやすい立場の人が、その情報を他者に打ち明けるような場面において、逆にその行為の重みを感じられるように「カミングアウト」という言葉を使うシーンもあり、そういう点ではこの言葉を性的マイノリティの文脈のみに閉じるべきとも考えない。

「アウティング」という言葉についても同様だろう。二〇二一年九月、全国の被差別部落の地名をまとめた書籍の出版や、ネットに地名リストを掲載したことは違法だとして、被差別部落出身者らが神奈川県川崎市の出版社側に掲載差し止めなどを求めた訴訟で、東京地裁は「リスト掲載はプライバシー侵害で違法」と判断し[9]、大半のリスト削除と出版禁止を命じた。しかし、一部の県は削除の対象から外されてしまったことなど課題は残り、原告側は控訴の方針を表明している。[10]

この訴訟は「部落アウティング裁判」とも呼ばれている。同訴訟弁護団の指宿昭一《いぶすきしょういち》弁護士は判決後の集会で「自分から名乗る『カミングアウト』をしている場合でも、他人から暴露される『アウティング』もしていいということにはならない」と語る[11]など、訴訟の通称や裁判を説明する言葉の中にも、「カミングアウト」と「アウティング」という表現が使われている。

このように、性的指向や性自認などにかぎらず、ある属性や特徴などが暴露されることで、差別や偏見による攻撃や不利益につながる場合に、「アウティング」という言葉をあえて用いることで、社会に根付く差別や抑圧の構造に目を向けられるという利点はあるだろう。「カミングアウト」と同様に、単なる秘密の暴露全般など、文脈によっては言葉の矮小化につながる懸念もあるが、一方で、性的マイノリティ以外の「属性」について語る文脈においてこの言葉が適している場合も多々あるはずだ。

（二）場面

二つ目の線引きとして、どのような「場面」がアウティングにあたるのか、あたらないのかという点について考えてみよう。

ここまでの内容のおさらいとなるが、アウティングに該当するか否かの基本的な線引きとして、大前提となるのは「本人の同意」の有無だ。同意がある場合は単なる「情報共有」であり、同意がなければ「暴露」になる。

さらに、悪意や善意という「意図にかかわらず」という点にも注意が必要だと述べてきた。会社の人事情報の共有、カミングアウトを受けた同僚が良かれと思って上司に伝える場合など、悪意はなかったとしても、アウティングによって不利益を受ける可能性があるからだ。

このように「意図」を問わず、本人確認なしに勝手に暴露すること自体が問題だという認識が基本路線となってくる。

しかし、そもそもアウティングであるかどうかを決める「本人の同意」とは、一体何を指すのだろうか。まず、オーソドックスな場面について考えてみよう。

例えば、ある同僚から「バイセクシュアル」であるとカミングアウトを受けたとする。その同僚は、同期のCとDにはすでにカミングアウトしていて、他の同期には伝えていない。ただ、上司は日々の言動を見ているかぎり性的マイノリティに対する偏見がありそうで、他の社員を含め広く知られることは不安なため公表はしたくない。そんな思いも受け取ったとする。

その同僚が「同期であれば知られても問題ない」と言った場合、例えば「CさんやDさん、それ以外の同期との会話の中でセクシュアリティについての話になったら伝えても良いのか」と質問し、本人から「問題ない」という回答を得られたとしたら、同期との飲み会やプライベートに関する会話の中で伝えても問題はないだろう（かといって、カミングアウトのタイミングは本人次第だという点を軽視しないようにもしたい)。一方で、当然ではあるが、上司を交えた会食の場では暴露してはいけないことになる。

では、私(松岡)の場合はどうだろうか。私は日頃からゲイであることをオープンにしている。Twitterなど SNS ではプロフィールにセクシュアリティを明記しているし、日頃書いている記事の中でも公表している。例えば私の友人が、私の存在を知らない第三者に対して、「松岡宗嗣というゲイの友人がいること」を伝えることは、アウティングにあたるのだろうか? 論理的には、私はその第三者に伝えられることに「同意」していないためアウティングにあたるかもしれない。しかし、私の名前を検索したらすぐにゲイであるという情報は出てくるし、私自身広く知られても問題がないと思っているため、アウティングには該当しないとも言える。もちろん、前もって「この人に共有して良いか」と聞かれたらより安心できるし、そのときには「まったく問題ないよ」と答えるだろう。

私の場合は周知の事実と言えるほどセクシュアリティを開示しているが、第三章で「ゾーニング」という言葉を紹介した通り、その公開範囲が完全にオープンである(またはオープンにしても良いと思っている)とはかぎらない。英語の「カミングアウト」は、クローゼットから出る(come out of the closet)というその言葉本来の文脈上、「公表」というニュアンスも含むが、日本語圏での使われ方を見るかぎり、「公表」とまではいかず、「特定の誰かに伝えること」を指している場合も多い。

では、どの程度であれば「公表済み」「オープン」なのかというと、その度合いは一概に決められるものではない。本人が「誰に知られても良い」と思っている場合もあれば、範囲を限定したい人もいる。その点についてはやはり、カミングアウトを受けた際に本人に確認するしかないだろう。勝手に「公表」していると決め付けず、「同意」を得ることが重要だ。

大津市でのアウティング被害

ここで三つのケースを紹介する。これらのケースは、いずれもアウティングにあたるかどうか「グレー」であり、しかし悪質な被害の事例でもある。

具体的には、当事者本人の氏名こそ公表していないが、簡単に本人だと特定され得るケース、メディアがゴシップとして疑惑を報道したケース、最後に、アウティングという言葉が先鋭化した結果、問題の所在がかえって見えにくくなっているようなケースだ。

一つ目は、滋賀県大津市で実際に起きたアウティング被害だ。

二〇二〇年一二月、滋賀県大津市の市立保育園に通う六歳の園児が、性別違和について同意のないまま市のウェブサイトに掲載されたとして、両親が市に情報の削除を求め、大津地裁に提訴した。

朝日新聞の報道[12]や共同通信による母親へのインタビュー取材[13]によると、園児は生まれたときに性別を「男性」と割り当てられたが、幼少期からピンクの服を好み、妹の服を着たがった。「自分は女の子」「髪も伸ばしたい」と言い、両親も「この子の心は女の子かもしれない」と思うようになったという。

年少までは少人数の保育施設で女児向けの服で遊んでいたが、二〇一九年四月に市立保育園に入園すると、他の園児から「おとこおんな」などからかわれるようになった。「どうしてかわいい服なの?」と聞かれ、本人が「体は男だけど心は女やねん」と説明したら「うそつき」と叫ばれたという。また、別の園児から持ち物を取られたり、仲間外れにされたりしたほか、別の日には腹部に連続パンチを受けているのを母親が目撃している。こうした暴言や暴力によるいじめを受けるようになり、園児は円形脱毛症になった。

園児は「女で生まれたかった」「1回死んで女になりたい」と家に帰ると泣いて訴え、登園をしぶるようになった。「なかまはずれ」「ぼこぼこ」などと書いたメモも残っている。両親は県内外の精神科医を訪ね歩き、同年一一月に「性別違和」の診断を受けた。

両親は園や市に改善を求めるも、「成長過程での行為」「じゃれあい」「いじめとは思っていない」と回答される。両親の継続的な求めによって、最終的に市は「いじめ」と認め、対応が不十分だったことを謝罪した。しかし、その後も園児の不登園状態は続いたという。

二〇二〇年一〇月、園児の母親のもとに、知人から「ねえ、これって〇〇ちゃん〔園児〕のことじゃない?」と連絡がきた。大津市のホームページを見ると、市立保育園の「保育園評価書」(二〇一九年度)に、氏名を伏せてではあるが、「今年度入所した4歳児が、自分の身体の性に違和感を感じる訴えをしたことをきっかけに、11月に受診された」「LGBT対《ママ》にする知識や認識を職員が高めていくようにする」といった内容が書かれていた。明らかにその園児のことだった。園や市から事前の連絡はまったくない。母親は「入園年度や状況の記述から、分かる人には特定されてしまうのではないか」「これから通う小学校にまで知れ渡ったら、またいじめられてしまうのではないか」「もう大津で暮らせない」と感じたという。

不安が募った母親は夫と話し合い、弁護士に相談。「アウティング」にあたるとして二〇二〇年一二月、ウェブサイトからの削除を求めて提訴に踏み切った。その後、市は削除に応じたため、翌年一月に訴訟は取り下げられている。

このケースでは、市は園児の氏名を伏せて事例を掲載しているものの、二〇一九年度に保育園入所した四歳児はわずかであり、「性別違和」や受診歴の情報など明らかに今回の園児だと特定されてしまうような内容だった。園児や両親への事前の確認もなく、母親が「これから通う小学校にまで知れ渡ったら、またいじめられてしまうのではないか」「もう大津で暮らせない」と語るように、差別や偏見による被害へと結び付いてしまう可能性は大いにあった。

市側の問題として、実際に深刻ないじめ被害に発展している状況にあったにもかかわらず、無断で掲載したことは、やはりアウティングに該当する可能性は高いだろう。

学校や会社などのさまざまなコミュニティにおいて、たとえ名前を伏せていたとしても、その人にまつわる情報を掲載したり共有したりすることで個人が特定されてしまうシーンは多々ある。やはり、こうした場面であっても、本人確認は大前提になる。

ゴシップ報道による被害

次は、メディアが芸能人のセクシュアリティなどを疑惑としてスキャンダラスに報道したケースだ。

二〇一六年一二月、週刊誌が、ある男性俳優の薬物使用疑惑について記事を掲載。その中で「やたらとカラダをすり寄せてきた」と別の男性の証言を掲載したことから、以降、他のメディアもこぞって「〝オネエ〟疑惑」「ゲイ引退」などと報じ、ことさらにセクシュアリティの部分を切り取ったゴシップが広がった。

報道から数日後、男性俳優は引退を表明。直筆コメントの中で次のように語っている。「絶対に知られたくないセクシャリティな部分もクローズアップされた」「今後これ以上自分のプライバシーが人の悪意により世間に暴露され続けると思うと、自分にはもう耐えられそうにありません」――本人は「セクシャリティな部分もクローズアップされた」と触れているが、厳密にはカミングアウトしているわけではない。この「疑惑」は、あくまでも報じる側の憶測でしかなかったからだ。真偽を問わず、「ゲイ」という要素をただ面白おかしく取り上げた悪質なゴシップ報道だった。

当時、一連の週刊誌報道を批判する声の中には、「アウティングは問題だ」とする指摘も少なくなかった。しかし、ここで注意したいのは、当の俳優に関するアウティングを批判すること自体が、週刊誌の疑惑報道が「事実」であるという前提に立ってしまうという点だ。まず批判すべきは、本人のセクシュアリティを決め付け、ゴシップとして利用し、差別や偏見を煽るメディアの報じ方である。

こうした著名人をめぐるメディアによるアウティング被害は、これまでに何度も繰り返されてきた。例えば、一九六〇年代末から八〇年代にかけて芸能界で活躍し、NHK紅白歌合戦に出場して司会もつとめた、いわゆる〝国民的歌手〟と呼ばれるような女性が、一九八〇年、元恋人とされる女性タレントによる芸能リポーターへの暴露により、連日スキャンダラスに報道された。週刊誌では「変態」「異常性欲」と書き立てられ、同性愛嫌悪が広げられた。本人は報道の内容を否定したものの、その後、仕事が激減し芸能界を引退したという。

レズビアン等の当事者の中には、この当時の報道をトラウマのように記憶しているという人もいる。「れ組スタジオ・東京」(一九八七年三月に発足したレズビアンのためのスペース)のスタッフで、長年活動を続けるレズビアン当事者の若林苗子《なえこ》氏は、「いまだったらメディアの報道の仕方におかしいと抗議ができたけれど、そのときはできなくて悔しかった。そういう時代でした」と語っている。[14]

メディアにかぎらず、例えば職場であっても、「あの人ってゲイらしいよ」という、憶測による噂話が広がることはままある。これは、カミングアウトを受けた人が「実は○○さんはゲイなんだ」と勝手に暴露するアウティングとは異なり、あくまでも確信のないゴシップにすぎない。しかし、それでもジェンダーやセクシュアリティに関する差別や偏見は、必ずしも性的マイノリティ当事者だけでなく、そうした疑惑を向けられる人にもぶつけられ、現実に被害を受ける。だからこそ、こうした場面において批判されるべきは、「アウティング」があったかどうかというよりも、ゲイであろうがなかろうが、そうした憶測による差別意識で他者を貶《おとし》めたという事実であるべきだろう。

議員によるプライバシー侵害

三つ目のケースは、結論としては「アウティングではない」のだが、性的指向や性自認などを理由とする差別や偏見を受ける可能性が高かったため、アウティングによる被害と同様に悪質性の高いプライバシー侵害となったケースだ。[15]

二〇二一年三月、自民党の小林貴虎《たかとら》・三重県議会議員がTwitterで同性婚や自治体のパートナーシップ制度に反対する内容の文章を投稿した。これに対し疑問を持った三重県に住む同性カップルの嶋田全宏《まさひろ》さんと加納克典《かつのり》さんが、投稿内容の趣旨や詳細について説明を求める公開質問状を小林氏の事務所宛てに送った。

すると小林氏はブログで「一方的に質問を突き付け回答を『要求』する姿勢は非常に攻撃的で敵意を感じる」などと書き、二人の自宅住所が記載されている（公開質問状が入っていた）封筒の写真を掲載。二人は自民党県議団の部屋を訪れ、小林議員に自宅住所を掲載しないよう求めたが、同議員は、削除を求めるなら公開質問状を取り消すべきだと拒んだという。

嶋田さんと加納さんは同性カップルであることを公表し、性の多様性に関する講演をおこなうなど、本名で活動している。新聞などでもたびたび取り上げられており、運営するオンラインショップには事務所の住所と自宅の住所も載せていた（この一連の事件を受けて、二人は住所を削除している）。

自民党県議団長は今回の件を「プライバシーの侵害」と認め陳謝。最終的に小林議員はブログを更新し、二人の住所が載っている写真を削除した。三重県議会も議長名で小林議員に厳重注意。三重県伊賀《いが》市の岡本栄《さかえ》市長は、明らかに「人権侵害」だと厳しく批判した。さらに、三重県議会は、今回の小林議員の行動が「人権侵害を引き起こした」とする決議案を可決。小林議員は自らの行動が「未熟だった」とし、当該カップルにも謝罪する結果となった。

他方では、三重大などの教授ら一〇人が、小林議員に「より厳格な措置」を講じるよう求める声明をすべての三重県議会議員に送付している。伊勢新聞によると、声明では「幸福追求権と人格権の侵害に当たる」「民主主義の観点からも極めて危険な行動」と指摘されている。[16]

このケースを整理してみよう。まず二人は同性カップルであることを公表し、本名で活動、メディアでも何度も取り上げられていた。小林議員も、二人の「性的指向」を暴露したわけではなかった。つまり、これは性的指向などの「アウティング」には該当しない。

一方で、性的指向に関係なくとも、そもそも住所を不特定多数にさらすという行為は著しい「プライバシーの侵害」だろう。加えて、性的マイノリティに対する差別や偏見による攻撃を直接的に受ける可能性もあった。二人は毎日新聞の取材に対し、住所を暴露されたことで「LGBTQを批判する人たちの間で拡散されると怖い」と不安の声を漏らしている。[17] 実際に、小林議員がブログに掲載してから、二人のホームページに掲載している番号をたどったのだろうか、非通知の着信が数十件あり、電話に出るのが怖くなったという。

三重大などの教授らの声明にある「民主主義の観点からも極めて危険」という点についてはどうか。そもそも小林氏は県議会議員という立場である。Twitterに「公開」で投稿した内容について疑問を持った市民が、同じく「公開」で質問状を送ることはまったく問題ない。しかし、それを「攻撃」と受け取った議員が市民の住所をさらして報復し、脅迫するような行為は端的に「危険」であるし、他の市民まで萎縮しかねない。

三重県では、同年四月に「性の多様性を認め合い、誰もが安心して暮らせる三重県づくり条例」が施行。都道府県の条例としてははじめて「アウティングの禁止」が盛り込まれた。この一連の事件はアウティングには該当しなくとも、セクシュアリティを理由とした差別による被害へとつながりかねない危険な「プライバシーの侵害」であり、条例が制定された背景にも大きく背く行為だった。奇しくも「アウティング禁止」を制定した県の議員が、その条例に背くようなおこないをしたことの責任は重い。

（三）許容範囲

最後に考えたいのは、アウティングはどのような場合であってもしてはいけないのか、もっと踏み込んで言えば、アウティングが例外的に認められるような場面はあるのかという、「許容範囲」をめぐる線引きについてだ。

アウティングがどのような「危険」へとつながり得るのか、その可能性を語り尽くすのはあまりに難しい。仕事や居場所を失うだけでなく、命を落とすこともある。運良く生き延びたとしても、いったん暴露された情報を、侵害されたプライバシーを、取り戻すことはできない。

研修や講義で性的マイノリティを取り巻く現状について話す際、私も強い言葉で「アウティングはしてはならない」と伝えている。近年はさまざまな自治体が多様な性のあり方に関する行政職員向けのガイドラインを策定しているが、その中にも「アウティングは絶対にしてはならない」といったメッセージが並んでいる。絶対に――つまり、いついかなるときも、どのような場合においても、アウティングは許されないものである、と。

しかし、本当にそうなのか。その例外を探る意味でも、この線引きについて考えてみたい。

当事者間でのトラブル

ここまでにも何度か触れてきたが、当事者同士であってもアウティングは起こる。

例えば、性的マイノリティの当事者同士であれば、アウティングによる被害の恐ろしさを皮膚感覚でわかっているし、お互いオープンでなければそれ以上情報が広がることもないだろうと勝手に判断し、本人の同意なく暴露してしまうことがある。もちろん、それで何も問題は起きず、むしろ当事者同士でつながることができ、人間関係の輪が広がることもある。とはいえ、だから当事者同士であればアウティングしても良いのだ、ということには当然ならない。

実際のところ、アウティングをめぐるトラブルといったとき、性的マイノリティでない人が当事者の情報を暴露してしまうケースが想定されることが多いが、当事者同士のケースも少なくないのである。

例えば、当事者間の人間関係のトラブル。交際していたカップルが、別れ際に「職場にあなたのセクシュアリティを暴露する」といった脅しとしてアウティングを利用することがある。アウティングされた先に何が起こるのかがわかっているからこそ、こうした攻撃の手法として利用されてしまうことがあるのだ。

一方で、当事者間のＤＶ被害などの場合では、アウティングへの意識が、被害者側が声を上げることや、外部に相談する上での足かせとなってしまうこともある。

性的マイノリティの性暴力被害者支援に関わる団体「Broken Rainbow - Japan」の岡田実穂《みほ》

氏によると、被害を訴えること自体が――例えば同性との性行為があったという事実をもって――「カミングアウト」につながってしまうことを恐れ、結果、相談できなくなるというケースが多いという。[18] さらに、ＤＶ被害の問題で、加害者が同性のパートナーである場合、被害を訴えることが自身の「カミングアウト」のみならず、相手の「アウティング」につながってしまうのではないかと被害者が心配し、相談することへの心理的ハードルとなってしまうこともあるという。被害者側が加害者を想い、アウティングによって何か不利益を被ってしまうのではないかと不安視することで、萎縮してしまうのだ。

確かに同性パートナーから受けた被害を相談することは、論理的にはパートナーの性的指向や性自認などを同意なく暴露することに等しい。しかし、アウティングを理由に被害を訴えたり相談できなくなったりするというのは本末転倒ではないか。暴力を受けているという時点で、そこには加害者の存在があり、そこではまず、被害者の安全と尊厳が守られなければならないはずだ。こうした場面においては、アウティングは例外的に認められると言えるだろう。

そもそも、性暴力やＤＶ被害の相談窓口は、大前提として相談者に対する「守秘義務」を負っている。たとえ被害者がパートナーの性的指向や性自認などをアウティングしたとしても、それ以上情報が広がる可能性はきわめて低い。「アウティングの禁止」が、被害の告発を妨げるものであってはならない。

同性間の性犯罪と、その報道

性犯罪とその報道のあり方についても、アウティングをめぐる「許容範囲」について考えさせられる。例えばこのようなケースがあった。

二〇二一年一月、愛知県で二九歳の男性が、当時一六歳の少年に「みだらな行為」をしたとして逮捕された。この事件は東海テレビで報じられており、関連記事では、この男性の実名も掲載された。男性は容疑を認めている。[19]

記事によると、警察は少年から事情を聴き、アプリのアカウントなどから容疑者を特定したという。そのアプリについて、記事では「同性愛者の間で多く利用されている、いわゆる『ゲイアプリ』を通じて少年と出会い、直接会うことを持ちかけて車で迎えに行き、その後自宅に連れ込んだ」と記載されていた。

こうした事件においては、そもそも異性間であっても「実名」で報じられる場合もあれば「匿名」の場合もあり、その基準は明確ではない。警察や報道各社でケースごとに判断されているという。匿名か実名かという点については、「知る権利」と「プライバシーの侵害」をめぐる複雑な議論がある。その前提で今回のケースを整理してみよう。

まず事件そのものについては、同性間であれ、未成年に対する淫行自体が、自治体の定める「青少年保護育成条例」違反などに該当する。「性的同意」の議論の中で、特に年齢差や立場の差など対等ではない関係性において性行為を断りづらかったり、被害を認識できなかったりするリスクの存在は、すでに各所で指摘されている通りだ。

マッチングアプリは基本的に一八歳以上を対象としているが、年齢を偽って登録することができてしまうものもある。「男性の性被害」や「同性間の性被害」を相談することへのハードルも依然高く、埋もれてしまっているケースも少なくない。こうした点も押さえておきたい。

その上で、今回の報道では「同性愛者の間で多く利用されている、いわゆる『ゲイアプリ』を通じて」容疑者が特定されたと細かく報じているが、こうしたマッチングアプリを使うのは何も「ゲイ」だけでない。バイセクシュアルや異性愛者で利用している人もいるため正確性に欠ける。

詳しい手法を報じることは、こうした被害が生じる可能性について、当事者を含め多くの人に知らせることができるという点で重要な情報提供と言える。一方で、マッチングアプリそれ自体は異性間でも同性間でも使用されている。にもかかわらず、あえて「同性愛者の間で多く利用されている、いわゆる『ゲイアプリ』」といった記述をした点については、報じる側にあるやや煽動的な意図を感じざるを得ない。

また、こうしたゲイやバイセクシュアル男性などの当事者の中には、マッチングアプリの使用自体がアウティングにつながるのではないかと恐れている人もいる。実際に、私も過去、シスジェンダー・異性愛者の男性がネタとして「ゲイ向けのアプリを見つけて入れてみた」と、周囲に話して笑いを取っている場面に遭遇して恐怖を覚えたことがある。

今回の記事の場合は、「インターネット上」といった表現にするか、ことさらに「ゲイアプリ」という表現にするかで状況はまったく異なる。「(二) 場面」で触れた著名人の「疑惑」報道と同様に、厳密には本人のセクシュアリティはわからなくとも、「ゲイ」という要素をもってゴシップ的に扱われる可能性が否めないからだ。第五章で触れたような、非異性愛者を「過度に性的」とするステレオタイプの強化にもつながり得る。

また、「公益性」が優先された結果「実名」で報道されることは確かにあるが、インターネット上に名前が残る形で記事が掲載されるとなると、加害者の社会復帰を疎外する可能性にもつながる。もちろん、この考えは「加害者が性的マイノリティの場合、アウティングとなってしまうため、絶対に実名報道してはならない」ということを主張しているわけではない。

そもそも実名報道は、加害者のプライバシーを侵害するものであるが、それ以上に実名で報道することが公益性という観点からして重要であるかどうかが天秤にかけられる。そうした正統性や合理性のもとに判断されるべきものなので、その是非を簡単に決めることはできない。

この点については、「アウティングによる被害の可能性」という視点を考慮に入れることも求められるのではないか、という問題提起に留めておきたい。性暴力が起きた際の報道における実名報道とアウティングの関係性の問題は、加害者と被害者含め、アウティングによって生じる影響が十分に想定された上で慎重に検討されるべきことだろう。

なお、こうした「事件」にかぎらない報道全般のアウティングについては、二〇一九年に「LGBT法連合会」や有志の記者とともに策定した「LGBT報道ガイドライン」を参考にしてほしい（第三章）。ここでは取材をする側、される側双方に対して注意すべきポイントをリスト化して掲載している。

その中では、アウティングのリスクも想定し、名前（匿名か実名か）、顔出しの有無など、公開可能な個人情報の範囲を確認することを呼びかけている。特に、取材相手が顔や名前を出すことにいったん同意したとしても、状況が変わったり、将来的に再び隠したりする必要が出てくる可能性もある。未成年はもちろん、学生などの場合においても、本当に情報を公開して良いか、リスクをしっかり説明した上で慎重に確認すべきだ。

緊急時におけるアウティング

アウティングをめぐる「許容範囲」の議論でもう一つ注意しておきたいのが、「緊急性の高い状況」の場合だ。この点はあまり語られていないことでもある。過去、実際に教育現場で起きた事例を少し改変して紹介してみよう。

ある学校の教員が、生徒からレズビアンであることをカミングアウトされた。その生徒は同じクラスの友人のことが好きだという。生徒は告白したいという想いと、カミングアウトすることの恐れ、両方を抱えていた。教員は、カミングアウト自体はポジティブに受け止めたが、はじめて生徒からカミングアウトされたこともあり、恋愛に関するアドバイスなどはできなかった。アウティングという言葉は知らなかったが、生徒の情報を勝手に暴露してはいけないと思い、誰かに伝えることもなかった。

ある日、その生徒はついに親友に告白する。しかし、親友からは「気持ち悪い」と拒絶され、結局、人間関係も壊れてしまった。その後、その生徒は心身を病み、結果的には自死してしまったそうだ。

この間、教員は「なんとか力になりたい」と、地域の性的マイノリティ当事者の集まる場などを探していたのだが、結局見つけられなかったという。勝手に情報を共有してはいけないという思いから、やはり他の教員に対しても相談はしていなかった。

このケースを、一体どのように受け止めればよいだろうか。

私の考えでは、こうした命の危機に直結してしまうような状況では、結果的にアウティングが生じてしまうとしても、「命」を守るほうが優先されるべきではないかと思う。場合によっては情報共有の上で、チームでの対応が必要になることもあるだろう。

ただ、当然ながらこのとき、アウティングによる二次被害や、共有した範囲以上に勝手に情報が広がらないような手立てをするなど、細心の注意が必要になることは言うまでもない。本来であれば、事前に本人に情報共有の同意をとるのが理想的だが、緊急性の高い場合はどうしたってある。そして、もし対応が間に合わなかった場合、失われるのは回復不可能な「命」だ。

だからこそ、このようなケースでは例外的にアウティングをおこない、あとから本人にその経緯と範囲を真摯に説明する必要があるだろう。

原則の確認と現実的な対応

アウティングはしてはならない――。まずはこの「原則」を改めて確認したい。

性的指向や性自認など、性のあり方を勝手に暴露されることによる被害や不利益が十分に知られていない中で、アウティングが「命」を損なう可能性のある危険な行為であるということは、何度強調してもし足りないほどだ。アウティングは「原則」としてしてはならない行為であるということを、当面の間は伝えていく必要がある。

しかし、この章で確認したように、そこで思考を止めるべきでもない。例外的にそれがおこなわれなければ命が危ういという瞬間が、現実にはあるからだ。その上で、当事者が被る被害や不利益を最小限に留める道を模索し続けなければならないだろう。

「はじめに」で私の経験を語った。当時の私は母のアウティングによって「むしろ代わりに伝えてくれてよかった」という思いにすらなった。しかし、あのとき、一か所でも運命の歯車が噛み合わなかったら、人間関係は壊れ、私の居場所は失われていたかもしれない。それほどまでに紙一重の「分岐点」があることを、私たちは胸に刻んでおかなければならない。いじめやハラスメントはよく起こる。「いじめは絶対ダメ」といっても、現実には「いじり」と「いじめ」の境界は曖昧で連続的だ。アウティングも同様に、明らかに悪意のあるものから、良かれと思って、または口を滑らせてしまったというものまでさまざまである。何も実害がない場合から、突然命の危険につながる場合まで、起きてみなければどう転ぶかはわからない——。アウティングという行為には明らかに「リスク」がある。

なぜ、アウティングによってさまざまな不利益が生じてしまうのか。そして、本来であれば絶対に認められないはずのアウティングにおいて、なぜ例外的な状況が生じてしまうのか。この社会の構造的な差別や偏見について、総合的に検討することが求められる。

[1] 東京海上日動リスクコンサルティング株式会社『平成29年度厚生労働省 不妊治療と仕事の両立に係る諸問題についての総合的調査研究事業』二〇一八年三月、四七〜四八頁

[2] 「要配慮個人情報」(法第二条第三項関係) 欄外 (一) 人種より

[3] 北野隆一「(いま聞く) 深沢潮さん　在日コリアンの作家　差別の苦しみ、声あげたわけ」『朝日新聞デジタル』二〇二一年七月一七日

[4] 後藤由耶+塩田彩「日常にひそむヘイト『日本に差別はない』は本当か」『毎日新聞デジタル』二〇二一年二月一二日

[5] 公益財団法人朝鮮奨学会「『韓国人・朝鮮人生徒学生の嫌がらせ体験に関する意識調査』報告書」二〇二一年二月、三頁

[6] 以下、参考資料。

●清水晶子「『同じ女性』ではないことの希望——フェミニズムとインターセクショナリティ」『多様性との対話——ダイバーシティ推進が見えなくするもの』青弓社、二〇二一年三月、一四五〜一六四頁

●藤高和輝「インターセクショナル・フェミニズムから/へ」『現代思想』二〇二〇年三月臨時増刊号、青土社、二〇二〇年二月、三四〜四七頁

[7] 下地ローレンス吉孝『「ハーフ」ってなんだろう?——あなたと考えたいイメージと現実』平凡社、二〇二一年四月、一五〇頁

[8] 認定NPO法人難民支援協会「難民の取材に関するお願い」

[9] 「被差別部落地名リスト掲載は『違法』」『共同通信』二〇二一年九月二七日

[10] 北野隆一「勝訴の原告が『摩訶不思議』と苦悩——被差別部落の地名リスト裁判の微妙な判決」『論座』二〇二一年一〇月一日

[11] 前掲[10]

[12] 新谷千布美「『性に違和感』同意なくHPに　園児両親、削除求め提訴」『朝日新聞デジタル』二〇二一年一月一九日

[13] 福田亮太「性別違和の園児が涙の訴え『1回死んで女になる』」『共同通信』(47NEWS) 二〇二一年二月一二日

[14] Equality Act Japan「【インタビュー】LGBTをめぐる50年。変わったこと、変わらなかったこと、いま変えたいこと。」二〇二一年七月一九日 (YouTubeで公開)

[15] 例えば以下の記事など。山下智恵「公人がLGBTQをいじめる社会　男性カップル、暴露された住所」『毎日新聞デジタル』二〇二一年五月八日

[16]「同性カップル住所無断公開問題『より厳格な措置』を　三重大などの教授ら10人　全県議に声明送付」『伊勢新聞』(47NEWS) 二〇二一年五月七日

[17] 前掲 [15]

[18] 松岡宗嗣「『男性器の挿入が条件はおかしい』性犯罪の刑法改正から3年、取り残された課題とは」『Yahoo! ニュース』二〇二〇年九月一九日

[19]「16歳少年にみだらな行為か…29歳会社員の男逮捕　同性愛者が多く利用のアプリで出会い自宅に連れ込む」『東海テレビ』二〇二一年一月四日 (現在はリンク切れ)

第九章

アウティングのこれから

東京五輪で起きたアウティング

二〇二一年七月、新型コロナウイルス感染拡大による四度目の緊急自体宣言下で、東京二〇二〇オリンピック・パラリンピック競技大会の開催が強行された。森喜朗《よしろう》氏の女性差別発言や、開会式関係者が、過去に障害者いじめに関わっていたことやホロコーストをネタにしていたことなどが次々と発覚、式典直前に辞任・解任されるなど、大会の理念として掲げられていた「多様性と調和」の空虚さが際立つ結果となった。

そんな中、スポーツとＬＧＢＴＱに関する専門メディア「Outsports」は、東京オリンピックには性的マイノリティであることを公表している選手が少なくとも一八六人、[1]パラリンピックは三六人以上[2]が出場し、過去最多となったことを報じた。ちなみに日本選手団の中ではゼロだった。

日本テレビがおこなった「Outsports」共同創設者、ジム・ブジンスキ氏への取材によると、リストを作成するにあたって、まず過去の五輪出場選手から性的マイノリティであることを公表している可能性のある選手を洗い出し、綿密に一人ずつ調べていったという。読者による情報提供や、選手本人からリストに加えるよう連絡が入ることもあった。[3]

一方で、アウティングにはつながらないよう基準は厳格にしたという。選手がメディアのインタビューで公言したり、ソーシャルメディアで公表したりしているかどうかを基準にするなど、一〇〇%の確証が得られずリストに入れなかった選手もいたとブジンスキ氏は語っている。

東京五輪に参加した選手は約一万人、パラリンピックは約四四〇〇人。オープンにしていない性的マイノリティの選手は大勢いただろう。公表している人しか存在していないように扱われる社会の現状に、シスジェンダーの男女二元論かつ異性愛中心の構造が改めて浮き彫りになるが、そこに風穴を開けるためにも、公表している選手の人数には注目が集まる。

そんな中、五輪開催期間中に海外メディアのINSIDERが、主にゲイやバイセクシュアル男性が使うマッチングアプリで選手のアカウントを見つけ出し、TwitterやTikTokにさらすというアウティングの問題が発生していることを報じた。[4] 各プラットフォームによって動画は削除されているというが、すでに多くの人々に見られてしまっており、やはりプライバシーの問題は一度流出されると取り返しがつかないことがわかる。スポンサーやファンを失ってしまう懸念や、各競技連盟との関係性の問題、国によっては同性間の性行為が刑法上の罪になったり、迫害の対象となってしまったりするところもあり、選手によっては性的指向や性自認などが暴露されることで文字通り「命」の危険につながりかねない。

日本語でもFRONTROW[5]やBuzzFeed Japan[6]がこの事件を報じたが、FRONTROWはあえてアウティングの手法を記事に掲載しなかった。第八章で触れたように、冷やかしで非当事者がこうしたマッチングアプリをダウンロードし、当事者を見つけるという悪質なケースが存在するため、賢明な判断だったかもしれない。

実際、冷やかしにとどまらず、マッチングアプリが「魔女狩り」のように利用されてしまった例がある。

二〇一七年、韓国軍が同性愛者の一斉摘発をおこなったというニュースが報じられた。[7]韓国では軍刑法で同性間の性行為が処罰の対象となっている。違反すると軍法会議にかけられ、有罪となると二年以下の懲役になる可能性もある。捜査の際には、軍内の同性愛者を追跡するために、同性愛者とみなした兵士に目の前でマッチングアプリを使うよう強制したり、捜査官がおとり捜査をおこなうこともあったという。

オリパラで性的マイノリティであることを公表する選手が過去最多の二〇〇人以上という華々しい報道の陰では、情報の暴露が「命」の危険に直結してしまういびつな状況が依然としてある。日本だけでなく国際的にも、まだまだアウティングは問題視されるべきことを痛感した。

自由と尊厳、欧米のアプローチの違い

ＥＵでは各国のプライバシー保護に関する法制度の共通化のため、一九九五年に「データ保護指令」を採択。個人データを日本などＥＵ域外の国や地域に移転するためには、ＥＵから原則として「十分性認定」を得る必要があるとされた。その要件の中に、機微（センシティブ）な情報の取り扱いも規定されている。第七章でも触れた通り、これを受けて日本では二〇一五年に「個人情報保護法」が改正され、それまでなかった「要配慮個人情報」の項目が新設された。

その後、ＥＵは「指令」から「規則」へとルールを厳格化し、二〇一六年に新たに「一般データ保護規則（ＧＤＰＲ：General Data Protection Regulation）」を採択している。

それまでのＥＵデータ保護指令では、機微な個人情報として、人種、民族、政治的な意見、宗教、思想、信条、労働組合への加盟に関する情報、健康または性生活に関するデータが記載されていたが、ＧＤＰＲでは新たに「性的指向」が追加された。[8]

また、カナダのオンタリオ州では、性的指向や性自認に関する情報が、より差別の問題に密

接しているということから、機密性の高い項目と規定されている。[9]

第七章で紹介した宮下紘氏によると、個人情報保護法制のアプローチは「害悪に基づくアプローチ」と「権利基底アプローチ」の二通りあり、アメリカとヨーロッパでは思想が異なる。そしてこれは「憲法文化の対立」なのだという。[10]

アメリカは、合衆国憲法の前文で「合衆国の国民は、国民と将来の子孫のために『自由の恵《けい》沢《たく》』を確保する」という目的が掲げられている。そのためあくまで「自由」に軸足を置き、個人情報の不正利用にともなう個人への人格的・財産的被害など、具体的な「害悪」として生じた場合に「保護」するというアプローチをとる。

これに対し、ヨーロッパでは、EU基本権憲章第一条の「人間の尊厳」の保障が出発点となる。これはナチスによる個人データの濫用《らんよう》などの歴史を背景とした「尊厳」を守るためのアプローチであり、その点において両者は対比されるのだ。宮下氏は言う。

別の言い方をすれば、プライバシーの権利について、アメリカの「自由至上主義」と、ヨーロッパの「尊厳至上主義」という異なる主義が二つのプライバシー権を生み出したと考えられます。

（『プライバシーという権利』一三〇頁）

この流れにおいてEUがGDPRを策定し、性的指向をはじめ、一段特別な対策を求める機微（センシティブ）な個人情報を規定している点には納得ができる。差別を受けたり、不当な扱いによる不利益を受けたりする事態が発生している現状において、「尊厳」を守るためのアプローチとしては、日本でも今後、例えば個人情報保護法の「要配慮個人情報」の項目に、性的指向や性自認など「性のあり方」を追加するなどの対応がなされるべきではないだろうか。

差別を禁止する法律もない日本

一方で、法制度によってアウティング行為を制限することに対しては、非当事者だけでなく当事者からも、そこまでする必要があるのかといった懸念の声がある。

何度も触れているように、そもそも性的指向や性自認に関する差別や偏見がなければ、性のあり方についての情報を暴露されたところで何の問題も起きない。しかし、残念ながら現実には差別や偏見が根強く残っている。日本では性的指向や性自認に関する差別的取り扱いを禁止する法律もない。

二〇二一年五月には、自民党「性的指向・性自認に関する特命委員会」が提案した「LGBT理解増進法案」について、不十分な内容ではありつつも、与野党の実務者で合意し、国会に提出される予定だった。しかし、法案の基本理念や目的に掲げられた「差別は許されない」という言葉などに対して、一部の自民党議員が強硬に反発。法案提出は見送りとなった。

OECD諸国のうち、性的マイノリティに関する法整備状況は三五か国中三四位とワースト二位。[11] 性的指向や性自認に関する差別を禁止する法は、いわゆる先進国だけでなく世界の多くの国で整備されている。差別的取り扱いの禁止という前提が抜け落ちた「理解増進」というお茶を濁すような法案さえ通らず、「差別はダメ」という認識すら示すことができないのが日本の政治の現状だ。同性婚も認められず、トランスジェンダーが法律上の性別を変更する場合も、国際社会から「人権侵害」だと指摘されるようなハードルの高い要件が課されている。[12] 性的マイノリティに対する学校でのいじめや職場でのハラスメントも依然としてあり、そのスティグマなどによって、性的マイノリティの自殺未遂の割合は非当事者よりLGB（同性愛者等）が六倍、トランスジェンダーが一〇倍も高い。[13] そんな現状で、一体いつ差別はなくなるのか。

いざアウティングされてしまえば、ここまで紹介してきたように、学校から追い出されたり、会社でハラスメントを受けたり、職を失ったりする可能性がある。さらに、性的マイノリティを身近に感じている人は非常に少ないし、適切な知識を有している人も多くない現状もある。そうであれば、アウティングそれ自体が問題だという認識すら共有するのも難しい。

アウティングを規制する法制度は、アウティングされたところで何も問題が起きないような社会が実現するまでの過渡的な制度として位置付けられるべきだろう。しかし、過渡的と口にしてみたとき、一体いつ終わりがくるのか。差別や偏見をなくすということは並大抵のことではないということも、やはり押さえておかなければならない。

「だったら共有されたくない」という反応

差別や偏見をなくしていくためには、一人ひとりが適切な認識を持つことはもちろん、性的マイノリティの存在を実感として身近に感じることも必要だろう。そのためには、やはり性的マイノリティ当事者のカミングアウトが増えていかなければ、肌感覚として身近に感じることは難しいのかもしれない。

その点については、アウティングの規制や禁止が、非当事者の「（アウティングすると咎《とが》められるのであれば）そもそも勝手に秘密を共有されたくない」という感情を助長し、性的マイノリティの腫《は》れもの扱いにつながるのではないか、という意見もある。他にも、特に同性の友人などから告白を受けた場合、それは告白でもありカミングアウトでもあるため、告白されたことを誰かに相談したくても、それがアウティングになってしまうのではないかと思うと相談できない、といった不安の声も聞かれる。「カミングアウトされたくない」という点についてだが、こうした声は、そもそもシスジェンダーの男女かつ異性愛が正常・普通で、性的マイノリティは異常・特殊だとする非対称性や、「カミングアウト」という言葉が必要とされるような社会構造の問題、マジョリティであれば差別や偏見による被害を受けることもなく、そもそも差別や抑圧にすら気づかずに済む特権があるという現実を無視してしまっている。

性的マイノリティを「いないもの」とし、差別や偏見が温存され続けていることの「責任」の所在はどこにあるのか。障害学の文脈では、それまで障害者の困難は「その人」の責任であるという考え方がとられてきたが（「医学モデル」）、そうではなく、社会の側に「障害」や「障壁」があるのだという「社会モデル」の考え方が提示されるようになった。[14] 性的マイノリティに関しても同様に、長い間、規範的なジェンダーやセクシュアリティでない人たちは病気として扱われてきたが、そうではなく、それを病気とみなす社会の側に問題があり、社会の側に差別や不平等をなくすことの「責任」もあるのだという点を指摘しなければならない。

その上で、一人ひとりのコミュニケーションの現場にも目を向けよう。そもそも性的指向や性自認などにかぎらず、本人の秘密が共有される場面は多々あるわけだが、信頼できるからこそ伝えたことに対して「秘密を共有してほしくなかった」と応答することは、やはり信頼の喪失や人間関係の不和につながり得る。これは想像に容易《たやす》い。そしてその情報を暴露することが、場合によってはプライバシーの侵害となる可能性も理解しておくべきだ。

加えて、「要配慮個人情報」のように、暴露されることで差別や偏見による不当な扱いや不利益を受けてしまう要素の多くは、そもそも自分の意思で簡単に変えられるような性質のものではない。カミングアウトすることで自らの居場所を失ってしまうかもしれない、それでも伝えたいと思って打ち明けたことに対して、「共有してほしくない」「カミングアウトされたくない」という態度をとることは、社会に残る差別や偏見を不可視化し、その問題の責任をカミングアウトした当事者個人に押し付け、場合によっては本人のアイデンティティを否定してしまうことにもつながりかねない。

カミングアウトされた側の不安

とはいえ、打ち明けられた側も突然のカミングアウトに驚くことはあるし、場合によっては誰かに相談したいと思うこともあるだろう。前述のように、それが告白兼カミングアウトだった場合、アウティングの問題性を認識しているからこそ、相手を気遣い、誰かに相談して良いのか不安になったという声もある。どうすればいいかわからなくなり、とっさに身近な人に相談し、それがアウティングにつながってしまったということもあるだろう。

第一章でも述べた通り、告白を受け入れるかどうかは個人の自由で、断ることは差別ではない。カミングアウトされて悩んだり困ったりした場合も、臆せず第三者に相談してほしいと思う。その際に、相談する「相手」や「相談の仕方」を工夫することでアウティングは避けることができる。

例えば、共通の知人といった身近な範囲の人ではなく、「よりそいホットライン」など、性的マイノリティに関する専門の窓口を設けているような、機密保持義務のある外部の電話相談窓口に相談することができる。その他にも、自治体や地域のNPOなどが電話やLINEで相談を受け付けていることもある。当事者の家族や友人などからの相談も多々あるので、性的マイノリティの当事者ではなくても、ためらわずにこうした窓口を利用してほしいと思う。他にも、学校や職場の相談窓口に対し、相手の個人情報を伝えずに相談することもできるだろう。身近な人であっても、共通の知人ではない範囲の人に限定したり、相手が誰か特定されないよう、個人情報に注意しながら相談することもできるかもしれない。

最初にカミングアウトされた際に、誰にまで伝えているか、誰にまで伝えて良いのか、その「公開範囲」を本人に確認しておくことも重要だろう。もし本人がすでに一部の共通の知人にも伝えているのであれば、その人に相談してみることも可能だろう。

カミングアウトされた側も、不安や悩みを一人で抱え込む必要はない。アウティングの問題をしっかり認識した上で、個人情報に注意しながら第三者に相談してほしい。一橋大学アウティング事件で、AのセクシュアリティをLINEグループで暴露してしまったZに必要だったのも、まずはこうした基本的な情報だったのではないか。

「噂」への対応

以前、アウティングに関する対応の相談を受けた際に、記憶に残っている事例がある。それは、「あるゲイの友人からカミングアウトを受けたが、周りの人たちは知らない。しかし、本人のふるまいが典型的だから、周囲の人たちも『〇〇はゲイじゃないか』と噂していて、私にもたびたび聞かれるが、どう答えていいかわからない」というものだった。

本人曰《いわ》く、「ゲイじゃないと思う」と第三者の自分が否定することは、友人のアイデンティティを否定してしまうことにつながるのではないかという不安と、かといって曖昧に答えるとそれ自体が噂の肯定につながってしまうのではないかという懸念の板挟みになってしまっている、ということだった。

この相談者には、友人の意思を尊重し、アウティングをして傷つけたくないという想いがある。だからこそその不安だということが伝わってきた。

そもそも、その人の言動のみをもって性的指向や性自認など性のあり方を決め付けることはできない。ゲイだと決め付け、噂を流してしまうようなその周囲の人たちの意識そのものが、きわめてホモフォビック（同性愛嫌悪的）なものだと言える。

例えば、タレントの「りゅうちぇる」氏は、「女性らしい」とされる表現を好むことから「オカマ」みたいだといじめ被害を経験し、過去には自身の性的指向について葛藤したこともあると明かしているが、[15] 本人は異性愛者だと認識している。やはり、本人の性のあり方は、本人にしか決めることはできない。

この相談者の対応は、周囲との関係や状況によって変わるため一概に言えない。その状況をゲイの友人に共有し、どう答えるのが良いか、よく話し合うことが何よりも重要だろう。

ただ、根本的な部分で言うと、まず、本人の言動をもって「ゲイであるかどうか」を勝手に判断すること自体問題だと指摘することはできるだろう。その上で、「ゲイではない」と否定するでも、「わからない」と曖昧に答えるでもなく、「ゲイであってもなくてもどちらでも構わないのではないか」という姿勢を示すことができれば、周囲の人々のステレオタイプでホモフォビックな考え方に対し、ほんの少しでも亀裂を入れることができるかもしれない。

アウティングが起きてしまったら

アウティングを未然に防ぐ方法はシンプルだ。とにかく「本人確認」の徹底、これに尽きる。

では、もしアウティングが起きてしまったらどうすればいいか。

第六章で「パワハラ防止法」の説明の際に触れたように、もしアウティングが起きてしまったら、まずどの範囲にまで情報が暴露されているかを事実確認し、本人に謝罪するとともに現状を共有すること、そしてそれ以上のアウティングが起きないよう早急な対処をすることが必要だ。

ここで、実際に起きたアウティングをめぐる対応について、ある知人の例を紹介したい。

Eさんは、ある大手企業で営業として働いているトランスジェンダー男性の当事者だ。法律上の性別は「女性」だが、「男性」として生活し、周囲の人からも「男性」として認識されている。

就活の際に面接でカミングアウトしたEさん。入社時に人事担当者から「どの範囲にまでカミングアウトするか」を確認された。Eさんは自分自身の働きやすさはもちろん、企業や社会にとっての意義も考え、「トランスジェンダーであることをオープンにして働きたい」と伝え、人事担当者も了承した。ただその際に、担当者からは「いったん会社の雰囲気を見てから全体に公表するかどうかは考えてみてほしい」と助言を受けたという。

入社後、Eさんは研修を受ける中で、会社の雰囲気が思ったよりも「男らしさ／女らしさ」といったジェンダーやセクシュアリティに関する規範意識が強いことや、多様性に対する認識が低いことを実感し、やはり公表したくないという思いが強くなった。

Eさんはすぐにその気持ちを人事担当者に伝えると、その担当者は、すでに取締役や人事部の一部、また配属予定先の上司にも伝えてしまっていたことを明かした。しかし、担当者はEさんの意図を汲み取りすぐに動いてくれた。いままでEさんがトランスジェンダーであると伝えた人全員に対して個別に事情を説明し、それ以上情報が広がらないようにと迅速に対応したのだ。

この人事担当者は、最初にEさんに公表範囲を確認し、「オープンにして働きたい」という回答を得てから必要な人に対して情報を共有しているため、アウティングにはあたらないだろう。しかし、本人がどこまで公表したいか、その「ゾーニング」の範囲が変化することは当然あり得る。人事担当者の「全体に公表するかは会社の雰囲気を見てから考えてみてほしい」という助言も、もしかしたら会社の「雰囲気」を察知しているからこそのアドバイスだったのかもしれない。その後、Eさんの気持ちが変わったあとも、誰まで情報を共有しているかという事実を伝え、それ以上広がらないよう全員に事情を説明したという迅速な対応は、模範的と言える。

「何もしない」ことの問題

結局、Eさんはその会社でオープンにはせず、一部の信頼できる人にのみカミングアウトして働いていた。この間、何かハラスメントを受けるといったこともなく、非常に働きやすい職場だったという。

数年が経ち、キャリアのことも考えたEさんは転職活動を始め、ある会社の内定を得た。その際も、入社する前に人事担当者にトランスジェンダーであることをカミングアウトした。担当者はポジティブに受け止めていたという。

ただ、Eさんは前職の経験から、職場でのカミングアウトは自分のタイミングで慎重におこないたいので、他の人には共有しないでほしいという思いを伝え、担当者も了承した。

しかし、働き始めて仕事や周囲との関係性も落ち着いてきた頃、Eさんはアウティングが起きていることを知ってしまう。

あるとき、同僚とプライベートなことについて雑談をしていたら、「トランスジェンダーの場合はどうか」といった形で突然話を振られたのだ。Eさんはその同僚にはカミングアウトしていない。なぜ自分がトランスジェンダーであることを知っているのかと聞くと、すでに噂が広く出回っているのだという。

Eさんが自らカミングアウトした上司に確認すると、以前、別の社員から「Eがトランスジェンダーであるというのは本当か」と聞かれたことがあったということを共有された。上司がどこからその噂を聞いたか確認してたどってみると、最初にEさんがカミングアウトした人事担当者が情報を共有してしまっていたことも発覚した。

しかし、上司はそれに対して何ら対応せず、Eさんにも経緯を伝えていなかったのだ。

結局、Eさんがトランスジェンダーであるという「噂」は、特定できない範囲にまで広がってしまった。Eさんは非常にショックを受け、自分が所属する会社に対する信頼を失った。

Eさんの転職先のケースは、最初にカミングアウトした人事担当者のアウティングによって「噂」として広がってしまったという点が非常に典型的であり、悪質だ。さらに、Eさんの上司も「噂」が出回っていることを知りながら、Eさんに対してそれを共有せず、対応もしなかった。これも非常に大きな問題だ。同僚については、Eさんがトランスジェンダーであることを知りながら、おそらく差別的な意識はないからこそ、何気ないプライベートな話の中でポロっと出てきた質問だったのではないかと想像する。

しかし、ここで浮かび上がるのは、アウティングはたいした問題ではないという認識に基づくプライバシーの侵害だ。「噂」が広がってしまっていることを知ったEさんは、自分の重要なアイデンティティを勝手に暴露されたショックを抱え、会社に対する信頼も失い、周囲の「視線」に怯えながら働き続けなければならなくなった。少なくとも会社側には、人事担当者のEさんに対する謝罪とともに、アウティングの範囲を調査し、会社としてすべての従業員に対するアウティング防止の啓発や研修などの徹底と再発防止策を講じることが求められるだろう。

何度も繰り返しになるが、善意であれ悪意であれ、その意図を問わず、アウティングは本人のプライバシーを侵害する行為なのだという前提は、広く共有されなければならない。

性別は「機微な個人情報」か

「男性」として周囲からも認識されているEさんの事例は、厳密には「性自認」ではなく「法律上の性別」、そして「トランスジェンダーであること」のアウティングだ（この問題については第六章で触れた）。

性別という情報は、実にさまざまなところで利用されている。例えば、宿泊先のチェックインカード、参加したイベントのアンケート、アプリのユーザー登録画面、公的な書類まで、さまざまな場面で私たちは性別欄への記入を求められる。普段街を歩けば、すれ違う人を見て無意識に性別を判断することもあるだろうし、ときには「あの人の性別はどっちだろう」などと考えることもあるだろう。

多くの人にとって、性別は見ればわかるものだと考えられている。だから当然、その情報が共有されたところで問題は起きないし、それは機微な個人情報ではない、と思ってしまうのだろう。しかし厳密には、いま目の前にいるその人の性別は、本来わからないものだ。行き交う人の性別も外からはわからない。なぜなら、一人ひとりの「法律上の性別」や「性自認」を確認していないのだから。私たちは相手の服装やふるまいなどの表現を見て、勝手に性別を判断しているにすぎない。

「法律上の性別と性自認は一致しているもので、違和感はないものだ」というシスジェンダーの存在が前提とされている社会では、性別も見ればわかるものとされる。だからこそ、その規範から外れたときに、その情報を暴露することはアウティングとなる。結果、差別や偏見の対象となり、ハラスメントの被害を受けてしまう可能性も出てくる。

本来、性別という情報は、「見ればわかるもの」でもなければ、知られても「たいした問題ではない」というわけでもない。場合によっては不当な不利益を被ってしまうほどに「機微な個人情報」と言えるのではないだろうか。

[1] "At least 186 out LGBTQ athletes were at the Tokyo Summer Olympics, more than triple the number in Rio", *Outsports*, Sep 22, 2021

[2] "At least 36 out LGBTQ Paralympians are competing in Tokyo, by far a record", *Outsports*, Sep 4, 2021

[3] 「五輪で注目ＬＧＢＴＱ×スポーツ専門サイト」『日テレＮＥＷＳ24』二〇二一年八月一五日

[4] Benjamin Goggin, "TikTok creators exposed LGBTQ athletes using Grindr in Tokyo's Olympic Village, endangering them around the world", *INSIDER*, Jul 28, 2021

[5] 「オリンピック選手村でのアウティングが問題に、ＬＧＢＴＱ＋選手の命に関わる危険な行動」『FRONTROW』二〇二一年七月三〇日

[6] 伊吹早織「オリンピック選手の性的指向に関わる情報を無断で暴露『アスリートの命に関わる危険な行為』」『BuzzFeed News』二〇二一年八月二日

[7] 例えば以下の記事など。

- 「韓国軍、同性愛の兵士を一斉摘発　『屈辱的な取り調べ』も」『ＣＮＮ』二〇一七年六月一

二日

- 「同性愛者の軍人を探し出すため、韓国陸軍が特別捜査　ＮＧＯが暴露」『HuffPost』二〇一七年四月二一日

[8] 個人情報保護委員会「ＧＤＰＲ（General Data Protection Regulation：一般データ保護規則）」

[9] 例えば以下の記事など。

- 松岡宗嗣「企業の『アウティング防止対策』が義務化？対策のポイントとは」『fair』二〇一九年一〇月一八日
- "Policy on discrimination and harassment because of sexual orientation", *Ontario Human Rights Comission*, Jan 25, 2006

[10] 宮下紘『プライバシーという権利』一二九頁

[11] OCED, Over the Rainbow? The Road to LGBTI Inclusion, Figure 1.4. Legal LGBTI inclusivity is improving in all OECD countries. 2019

[12] 「高すぎるハードル：日本の法律上の性別認定制度におけるトランスジェンダーへの人権侵害」『Human Rights Watch』二〇一九年三月一九日

[13] 「働き方と暮らしの多様性と共生」研究チーム編「大阪市民の働き方と暮らしの多様性と共生にかんするアンケート　報告書（単純集計結果）」二〇一九年一一月、八一〜八二頁

[14] 松波めぐみ「『障害者問題を扱う人権啓発』再考――『個人‐社会モデル』『障害者役割』を手がかりとして」『部落解放研究』一五一号、社団法人 部落解放・人権研究所、二〇〇三年四月

[15] 例えば以下の記事など。

・「りゅうちぇる、性的指向に葛藤した過去『男の子が好きな方が楽だった』」『ABEMA TIMES』二〇一七年三月一一日

・京都市 文化市民局 共生社会推進室 人権文化推進担当「輝きピープル タレント りゅうちぇるさん」『きょう☆COLOR』vol.13（令和二年一二月号）、二〇二〇年一一月

終章

アウティング、パンデミック、インターネット

新型コロナウイルスとアウティング

新型コロナウイルスの感染拡大においては、「プライバシー保護」と「感染防止対策」の難しいバランスが問われることとなった。

感染者が特定されてしまい、ＳＮＳでその情報があっという間に拡散され、誹謗中傷を受けることもあれば、医療関係者や配送業者の子どもを学校に来させないなどの差別も起きた。感染者が発生したことを公表した企業に対し、個人情報の公開を迫ったり、「出ていけ」といった電話が殺到したりする事態も起きていた。

性的マイノリティの当事者の中には、新型コロナ感染とアウティングという「二重の恐怖」にさらされている人もいる。

自治体では感染者の年代や性別、職業などを、個人が特定されない範囲で公表しているが、特に感染発生初期、自治体によっては居住地や行動歴、家族構成、感染経路や基礎疾患などを公表しているところもあった。特に地方在住でカミングアウトしていないトランスジェンダーの当事者などは、こうした情報が公表されることで個人を特定され、さらに法律上の性別が地域の人にバレてしまうのではないかといった不安を抱える人たちがいた。

同性のパートナーを持つ当事者からは、パートナーが濃厚接触者として挙げられることでアウティングにつながってしまうのではないか、といった懸念の声も上がっていた。実際に私の知人のゲイの当事者は、感染拡大初期に発熱し、PCR検査を受けた際、かかりつけ医に前日の行動を聞かれたが、ゲイバーに行っていたことは明かすことができなかったと語る。自身のセクシュアリティを明かすだけでなく、もし感染した場合に、同じ店にいた人が濃厚接触者となり、その人たちのセクシュアリティまで暴露することになってしまうのではないかと恐れ、とっさに嘘をついてしまったのだ。

差別や偏見はその人を追い込むだけでなく、差別や偏見を恐れて検査を回避したり、本当のことを言えなくなることにつながるなど、感染症対策上のデメリットも大きい。

韓国の「ゲイクラブ」で発生したクラスター

実際に韓国では、新型コロナウイルスとアウティングに関する重大な事件が起きた[1]。

二〇二〇年五月、韓国・ソウルの繁華街「梨泰院《イテウォン》」の「ゲイクラブ」でクラスターが発生した。

韓国ではクレジットカードの利用履歴やスマートフォンの位置情報などを使い、感染者の行動が追跡され、自治体は、感染者の動線や訪問した店の名前、いつ、どの電車に乗ったかなどの詳細な情報を公開するなど、感染症対策のために個人のプライバシーをある程度犠牲にした対応をおこなっていた。

梨泰院のある龍山区《ヨンサング》も、最初に感染が発覚した二〇代の男性が、梨泰院でいくつかのクラブをハシゴしていたことや、そのクラブの名前も公開した。これをきっかけに、ネット上では同性愛に関する誹謗中傷などが多く投稿されてしまった。

さらに、複数のメディアが「ゲイクラブ」とタイトルを付け、男性の居住地域や勤務先の職場情報まで報道した。男性が住むマンションには、本人と両親を非難する張り紙がされたという。ネット上では「同性愛は精神病だ」などといったバッシングも広がった。

メディアがことさらに「ゲイ」クラブであると報道した点は、さまざまな専門家から防疫を妨害する態度だと批判されている。[2] 性的マイノリティに対する嫌悪が助長され、アウティングを恐れる人々が萎縮し、検査を避けることにつながってしまうからだ。事件に対し、性的マイノリティ関連団体もメディアの報道に対して声明を出し、ソウル市に対しては匿名で検査を受けられるようにすべきだと求めた。実際に匿名検査が実施されると、検査率は向上したという。[3]

韓国での事件を受けて、同月、日本でも性的マイノリティ当事者や支援者らが内閣府やインターネットメディア協会などに対して、性的マイノリティに対する差別や偏見を助長する情報発信について配慮を求める要望書を提出した。[4]

しかし、その二か月後、鹿児島県のショーパブでクラスターが発生。一部メディアは「ゲイバー」とタイトルを付けて報じた。実際にはいわゆる「ニューハーフショーパブ」で、経営者は出生時に性別を「男性」と割り当てられ、現在は法律上の性別を「女性」に変更し生活している。このショーパブは、市民や出張中のビジネスパーソンなどが二次会で利用するような有名店だったこともあり、必ずしも利用者は性的マイノリティだけではなく、韓国のケースとは状況が異なる。しかし、経営者や従業員は、クラスター発生源となってしまったことについて、南海新聞の取材に対し、感染の恐怖と同時にデマと中傷にさらされ苦しんだと語っている。[5]

もしクラスターが発生した店が、性的マイノリティの当事者のみが集うような場所だった場合、感染者がその店を利用していた情報が公開されれば、その時点で大規模なアウティングにつながっていた可能性がある。

新型コロナウイルス感染防止のために、どの範囲までの情報を公開するのか。そのバランスは難しいが、特に機微な個人情報の公表は、感染者に加えて性的マイノリティに関する差別や偏見につながるだけでなく、萎縮による検査回避など、防疫の観点からも望ましくない場合があるため注意が必要だろう。

個人データとアウティング

SNSを開けば、友人がいま、どこで何をしているかがわかる。インターネットを利用していると、位置情報や検索履歴、投稿への「いいね」などから、さまざまな「おすすめ」の商品や情報が送られてくる。

しかし、私たちの個人データがどのように収集され、どう使われているのかを把握している人は一体どれくらいいるだろうか。アプリやサービスを利用する際に表示される「利用規約」を端まで読み、承諾ボタンをタップしている人がどれくらいいるだろうか。

「プライバシー・パラドックス」[6]と呼ばれるように、人々はプライバシーに対する不安や懸念を抱えつつ、一方でSNSでは積極的に自らのプライバシーを公開し、個人情報を提供する。その個人データを企業が収集・分析し、私たち一人ひとりの行動を予測したり誘導したりすることで利益を得る。こうした仕組みをハーバード大学のショシャナ・ズボフ氏は「監視資本主義」と呼び批判する。[7]

第九章で触れた、東京五輪の選手村で起きたアウティングのケースのように、マスメディアではない個人でも、いまやマッチングアプリで性的マイノリティ当事者を見つけ出し、その情報をSNSで瞬時に世界中へと暴露できてしまう。

しかし、こうした個人間での悪質なアウティングだけでなく、個人データを元に予測することで、その人の性的指向や性自認など性のあり方をある程度特定できてしまうという点はどうだろう。

再び宮下紘氏の『プライバシーという権利』を参照したい。ここで取り上げられている調査によると、Facebook の「いいね」の分析から男性の同性愛者か異性愛者かどうかを八八%の確率で予測することができるのだという。[8]

私自身、いまでこそセクシュアリティをオープンにしてSNSなどを利用しているが、そうでなかった時代、Twitter のタイムラインでゲイやバイセクシュアル男性向けのサービスの広告が流れてきた際に違和感や不安を覚えた記憶がある。

こうした個人データによる「予測」は、あくまでも同性愛者かもしれないという程度のものだ。とはいえその情報が当たっていた場合、どの範囲までセクシュアリティに関する情報は知られている/知られてしまうのか――こうした不安が湧き上がるかもしれない。オンライン上だけでなく、リアルな世界でも変わらない。たまたまタイムラインを見ていて、もし隣にいる知人が突然私の画面をのぞいたときに、この広告が流れてきたらどう思われるか……。SNSを操作しているうちに湧き上がってくる「誰かに見られている」ような感覚。「このサービスを利用したら」「このサイトを見たら」「このワードで検索したら」、自分のセクシュアリティがこのデバイスの先にいる「顔の見えない誰か」にバレてしまうのではないか――。

　前述の調査では、性的指向だけでなく、人種や結婚のステータス、喫煙や飲酒の有無、宗教なども予測可能だという。さらにこうした個人データは、「ケンブリッジ・アナリティカ事件」のように選挙活動に流用され、「個々の投票者のフェイスブックの投稿履歴や友達などを分析し、パーソナライズされた広告を配信する」マイクロターゲティングの手法は、「個人の支持政党という内心を探り当てるだけにとどまらず、投票行動そのものにも影響を及ぼしてい」るのだと宮下氏は警鐘を鳴らす。[9]

　南山大学経済学部教授の阪本俊生《としお》氏は、『都市問題』の中で、社会学者デビット・ライアン氏の「社会的オーケストレーション」という言葉を紹介している。これは「人びとがあまり抵抗感をいだくことなく、自らの個人情報を提供しつつある現象」であり、「まるで政府や企業と協調し合うかのように、人びとが自分自身の個人情報を自ら自発的に提供する傾向について、監視システムへの順応、あるいは監視との共犯関係」にあるのだという。[10]

果たしてそこまで大袈裟に考える必要があるのか？ そうした疑問が浮かんでくるかもしれない。しかし、アウティングが起きてしまったときに想定される被害の甚大さは、各章で指摘した通りだ。加えて、特に「性的マイノリティと情報」に関する歴史を見れば、いかにプライバシーの取り扱いに慎重さが求められるかがわかる。

ナチ・ドイツのユダヤ人大量虐殺、いわゆるホロコーストでは、ユダヤ人のみならず障害者や共産主義者、そして同性愛者なども強制収容所に送られた。収容された人たちのうち、ユダヤ人は「ダビデの星」の布のマークを、男性同性愛者はピンクの逆三角形（ピンク・トライアングル）、女性同性愛者は黒の逆三角形のマークを付けられたという。[11] その際ナチスは、国勢調査という名目で、ＩＢＭによる厚手の紙に穴を開けて位置などの情報を記録する「パンチカード」技術を用いて個人情報を収集・分析し、ユダヤ人をはじめ同性愛者などを迫害した。[12]

このように、個人情報の濫用は、確かにかの「虐殺」へとつながったのだ。今日、特にヨーロッパにおいて、「プライバシー保護は個人の尊厳を守るため」という前提でアプローチが取られていることの歴史的背景はここにある。

受け継がれるピンクの三角形

男性同性愛者に付けられた「ピンク・トライアングル」は、その後、欧米を中心にゲイのアクティビズムに「活用」されていった。

特に有名なのは、一九八七年にアメリカ・ニューヨークで作成された「SILENCE=DEATH（沈黙＝死）」というスローガンと共にピンクの三角形が描かれたポスターだろう。同年創設されたエイズに関する活動団体「ACT UP」にも受け継がれ、中心的なスローガンとして注目を集めた。[13]

一九八〇年代、エイズ禍に対し無策なレーガン政権に対する怒りから、しかし「ゲイ」や「エイズ」に対する二重の差別や偏見の嵐によって当事者たちがクローゼットに戻る傾向が強まる中、むしろ「カミングアウトの必要性」が訴えられた。第二章でも触れたように、特に性的マイノリティの当事者の間で、ゲイコミュニティを批判し、権利保障に反対する議員や宗教指導者といった公人をアウティングするという戦略が取られたこともあり、政治や社会に対する「直接的な運動」が展開されていった。アウティングという手法自体に対しては当事者からの批判も多く、中には「自分たちを傷つけるために使われたハンマーを、他の誰かを傷つけるために使っているだけだ」という声もあったという[14]。

他者の命を守るためであれば、誰かのプライバシーを侵害してもいいわけではない。しかし、実際に多くの命が失われ続ける危機の真っ只中で、社会的・政治的に対処させるためには、問題を可視化することが必要だった。当時の複雑な状況は考慮されるべきだろう。

いまや世界各地で開催される「プライドパレード」の契機であり、現代のＬＧＢＴＱムーブメントの象徴として語られる、一九六九年の「ストーンウォールの反乱」も見てみよう。ニューヨークにあるゲイバー「ストーンウォール・イン」への警察の強制捜査に対し、有色人種のトランスジェンダーやゲイ、レズビアンの当事者などが中心となって抗議し、暴動へと発展。翌年にこの「反乱」を記念しておこなわれた行進こそが、プライドパレードのきっかけだと言われている。

この「ストーンウォールの反乱」の二五周年の節目である一九九四年に私は生まれた。

そこからさらに四半世紀が経った二〇一九年。ストーンウォールの反乱から五〇周年に開催されたニューヨークのプライドパレードに私も参加した。数年に一度、持ち回りで開催される「ワールドプライド」も兼ねていたことなどから、世界中から約五〇〇万もの人々が集まったと報道されている。街中がレインボーに彩られ、あふれんばかりの人が沿道からパレードに声援を送る様子に圧倒された。この五〇年という時間を想像し、今日、この日が易々と実現したわけではないことを改めて実感した。

一方で、まだこの「反乱」が終わってはいないという現実も突き付けられた。未だ多く残された課題を横目に、商業化し、楽しいお祭りへと向かうプライドパレードに対する疑問や批判の声は根強い。パレード同日の午前中に開催された別の行進「クィア・リベレーション・マーチ（Queer Liberation March）」には企業のフロートはなかった。警察も入らない、まさに「デモ」がおこなわれていた。

掲げられた言葉は「Reclaim Stonewall（ストーンウォールを取り戻す）」。特に黒人のトランスジェンダー女性に対する暴力など、同性婚が全米で認められたアメリカであってもなお、取り残された課題は山積している。こうした現状に対し、それぞれのプラカードを掲げ熱量の高いコールが響く。突然音が鳴り止み静まり返ると、これまでに亡くなった性的マイノリティの人々に思いを馳せる数分間の黙禱が捧げられた。この光景は脳裏に焼き付き、忘れ難い時間となった。クィア・リベレーション・マーチで掲げられるロゴもまた、「ピンク・トライアングル」だった。

社会は勝手に変わらない

いまや数百万人が一堂に集うこの華やかなパレードは、勝手にここまでの規模になったわけではない。そのことは押さえておきたい。そして、その裏で取り残されている課題を、存在を、命を、不可視化してはならない。そこに目を向けるためにこそ、批判も抗議も、止めてはいけない。

ジャーナリストの北丸雄二《ゆうじ》氏は『愛と差別と友情とＬＧＢＴＱ＋――言葉で闘うアメリカの記録と内在する私たちの正体』で次のように述べている。[15]

忘れてほしくないのは、「敢えてカミングアウトをしなくてもいい社会」は、敢えてカミングアウトをしてきた人たちによって作られてきたという歴史です。時代は勝手に進んできたのではありません。それを進めてきた人たちがいました。

これは当然、日本にも言えることだ。先陣を切って歩いてきた人々の勇気あるカミングアウト——草の根からときに社会を揺さぶる大きなうねりまで——その積み重ねの歴史が社会を変えてきた。その道の上に、いま、私は生きている。

差別や偏見がなくなれば、暴露されたところで何も問題は起きない。差別的取り扱いや不利益を受けることがない社会であれば、法制度をもってアウティングを規制することも、アウティングという言葉すらも必要なくなるだろう。しかし、そんな社会が勝手に実現するわけでもない。性のあり方をめぐる社会の構造や制度、規範自体を変えることは容易ではなく、いま、この間にも、アウティングによって脅かされている「命」があることを忘れてはいけない。「理想」を掲げ、「目標」を見据えつつ、その社会が本当に実現されるまでは、過渡的なアウティング規制が必要であり、アウティングの「問題」ももっと広く認識されるべきだ。

カミングアウトは確実に社会のあり方を変えていく。隅々までシスジェンダーの男女二元論かつ異性愛が前提にされ、性的マイノリティの存在がいないことにされているこの社会に、カミングアウトという行為は亀裂を入れる。

しかし、カミングアウトによって、その瞬間に劇的な生きやすさが訪れるということも、残念ながらない。そんな保証はされていない。カミングアウトはときに人間関係を壊すし、居場所を失うリスクをはらむ行為でもある。

それでも、大切な人に知っておいてほしいから、いないものとして扱われたくないから、必要に駆られて、それぞれの理由で伝えることがあるし、それでもやっぱり、伝えないこともある。行為は常に、苦悩と葛藤の中で決断されていくものだ。

だからこそ、「カミングアウトの自由」が「個人の権利」であるということを、本書の最後に改めて確認しておこう。

いつ、誰に、どのタイミングで、どの範囲まで伝えるのか、伝えないのか。勝手に秘密を暴露されることもなく、そのことで不当に扱われることもなく、安全に、自由に、人格を発展させていくこと。そのために自らの性のあり方について情報をコントロールできること――。

これこそが、アウティングという問題を考える上で最も重要かつ基本的な出発点になるのではないかと、私は思う。

[1] 例えば以下の記事など。渡邊康弘「性的少数者がターゲットに…韓国コロナ感染者動線公開で人権侵害」『FNNプライムオンライン』二〇二〇年五月八日

[2] ソン・ギョンファ＋ソ・ヘミ「一部メディアの『性的マイノリティ嫌悪』報道、防疫を妨害している」『ハンギョレ』二〇二〇年五月一一日

[3] 「韓国、コロナ匿名検査導入で実施数急増 同性愛者に配慮」『AFPBB』二〇二〇年五月一三日

[4] 石戸諭「偏見や差別を助長する報道はもういらない。LGBTQ当事者が要望書を提出した理由」『HuffPost』二〇二〇年五月二一日

[5] 「【コロナ　おだまり男爵ママの告白】デマと偏見…『鹿児島出ていけ』に折れた心　捨てない中傷の手紙は『自分への戒め』」『南日本新聞』二〇二〇年一二月二三日

[6] 武邑光裕『プライバシー・パラドックス――データ監視社会と「わたし」の再発明』黒鳥社、二〇二〇年一一月

[7] ショシャナ・ズボフ『監視資本主義――人類の未来を賭けた闘い』野中香方子訳、東洋経済新報社、二〇二一年六月

[8] 宮下紘『プライバシーという権利』四頁。元データは以下の論文。Michal Kosinski, David Stillwell, and Thore Graepel, "Private traits and attributes are predictable from digital records of human behavior", *PNAS*, vol. 110, no.15, Apr 9, 2013

[9] 宮下紘『プライバシーという権利』三〜四、八頁

[10] 阪本俊生「日本社会の『プライバシー』観と『個人情報』観」『都市問題』第一一二巻第六号、公益財団法人 後藤・安田記念東京都市研究所、二〇二一年六月、四二〜四三頁

[11] ジェローム・ポーレン『LGBTヒストリーブック——絶対に諦めなかった人々の100年の闘い』北丸雄二訳、サウザンブックス社、二〇一九年一二月、三九頁

[12] 前掲[9]九～一一頁

[13] Sarah Schulman, translated by Miho Nagano「抵抗運動がブランドになるとき」『The New York Times Style Magazine : Japan』二〇一八年八月一〇日

[14] William A. Henry III "Ethics: Forcing Gays Out of the Closet", *TIME*, Jan 29, 1990

[15] 北丸雄二『愛と差別と友情とLGBTQ+——言葉で闘うアメリカの記録と内在する私たちの正体』人々舎、二〇二一年九月、二一三頁

おわりに

「誰かの命が失われ、象徴的な事件が起きなければ、こうした被害の実情や問題に焦点が当てられない」

これは、私が「はじめに」で述べた一文です。この本を読んでいただいた方には、過去、そして現在も、アウティングによるさまざまな被害が起きている現状を知っていただけたのではないかと思います。私自身も、報道などから過去に起きたケースを洗い出す中で、こんな事件が起きていたのかと驚くことが多々ありました。

一橋大学をはじめとするさまざまな「事件」の前から、もっと早くから、アウティングの危険性について問題提起ができていたら、失われずに済んだ命があったのではないか。そうした思いは常につきまといます。

しかし、現実に「アウティング」という問題に焦点が当たったのは、まぎれもなく、一橋大学アウティング事件とその裁判によってです。亡くなった大学院生の想いを受け止めて立ち上がった遺族が、アウティングしてしまった学生に、命を守れなかった大学に、差別を温存し続ける社会に対して問題を突き付けたことで光が当たりました。大切な子どもを、きょうだいを失った悲しみは計り知れません。そんな中で裁判を起こすに至った勇気に対して、改めて畏敬の念を抱きます。同時に、代理人としてこの訴訟を原告のご遺族と共に戦い抜いた南和行弁護士、吉田昌史《まさふみ》弁護士にも当事者の一人として感謝を申し上げたいと思います。

裁判は二〇一六年一一月の控訴審判決によって終結しましたが、一橋大学側の責任を問うことはできず、問題が「解決」したというわけではありません。この間、一橋大学の性的マイノリティ当事者や支援者の学生、卒業生などの有志が大学内外で、この事件を忘れず、語り継ぎ、次につなげるための行動を続けています。これらの継続的な活動を続ける方々に対しても、改めて敬意を表したいと思います（詳しくは「LGBTQ+ Bridge Network」のウェブサイトをご覧ください）。

本来であれば、一人ひとり名前をご紹介したいところですが、本書を書き上げるにあたってご協力いただいた方々に対しても、ご多忙な中、私の拙い文章に対して真摯なご意見をいただいたことに感謝を申し上げたいと思います。

そして、初の単著で右も左もわからない私に企画段階から辛抱強く向き合い、背中を押していただいた柏書房の天野潤平さんへの感謝も尽きません。天野さんと出会ったのは、まだ私が学生だった頃ですが、その数年後に一緒に本をつくることになるとは想像もしていませんでした。信頼できる方と共にこの本を世に送り出すことができて、とても光栄でした。

本書を書くにあたって、やはりブレたくなかったのは、アウティングが「命」の問題だということです。アウティングされても何も問題が起きず、むしろアウティングされて結果的に「よかった」という場合さえあります。しかし、その一方では、命が脅かされる事態にまで発展することもある。ここには明らかに「分岐点」があります。私はその分かれ道をたまたま生き延びてきたと思っていますが、その「たまたま」にも、実は構造的な問題がひそんでいることは忘れてはいけないと思います。

性的マイノリティを取り巻く法制度、家族・友人・地域のコミュニティ、収入や教育環境など、政治的・文化的・経済的な要因が、その「たまたま」を左右すると言えるでしょう。こうした点についてはあまり触れることができませんでした。

シスジェンダーの男性でゲイであるという立場上の「発言」のしやすさもあります。アウティングの問題を論じる上でも、自身の立場に近い視点が中心となり、例えばレズビアンやトランスジェンダーなど、他のさまざまなジェンダーやセクシュアリティの人々の経験や視点を本書で十分に掘り下げられたとは言えません。

私の実力不足から、アウティングの問題を論じる上で他にも見落としてしまっている視点や、積み残してしまった論点も多く残っていると思います。批判的な視点も含めて、今後、よりアウティングをめぐる議論が深まることを願います。

最後に、一橋大学アウティング事件で亡くなったAさんの妹が、二〇二一年四月、性的マイノリティをめぐる法整備を求める院内集会で語った言葉を紹介したいと思います。性的マイノリティの二五%がアウティング被害を経験しているという調査結果を踏まえて語られたものです（「『兄の生きたかもしれない社会を見たい』 ＬＧＢＴＱの人たちへのいじめやアウティング、なくすにはどんな法律が必要か」『HuffPost』）。

この25%は誰かの大切な人です。誰かのきょうだいで、誰かの子どもで、誰かの友人です。意識、理解不足を理由に失うには、尊すぎる命です。

一人一人の理解を深め、実効性のある法で命を守るための仕組みづくりが必要です。安心して学べる場、安心して働ける場、安心して生きられる社会、兄が生きたかもしれない社会が、私は見てみたいです。

誰かの命は、まずそれだけで大事にされるべきものであり、そしてそれは、他の誰かにとっての大切な命でもあります。そんな「命」が失われないために、本書がアウティングという問題とその背景にある差別や抑圧について知り、被害を防ぐための一助となることを心より願っています。

松岡宗嗣

二〇二一年一〇月

松岡宗嗣
Soshi Matsuoka

1994年愛知県名古屋市生まれ。明治大学政治経済学部卒。政策や法制度を中心とした性的マイノリティに関する情報を発信する一般社団法人fair代表理事。ゲイであることをオープンにしながら、HuffPostや現代ビジネス、Yahoo!ニュース等で多様なジェンダー・セクシュアリティに関する記事を執筆。教育機関や企業、自治体等での研修・講演実績多数。2020年7月、LGBT法連合会・神谷悠一事務局長との共著『LGBTとハラスメント』(集英社新書)を出版。近著に『「テレビは見ない」というけれど——エンタメコンテンツをフェミニズム・ジェンダーから読む』(青弓社)、『子どもを育てられるなんて思わなかった——LGBTQと「伝統的な家族」のこれから』(山川出版社)。本作が初の単著となる。

あいつゲイだって
アウティングはなぜ問《もん》題《だい》なのか？

二〇二一年一二月一〇日　第一刷発行

著　者　松《まつ》岡《おか》宗《そう》嗣《し》
発行者　富澤凡子
発行所　柏書房株式会社
東京都文京区本郷二-一五-一三
（〒一一三-〇〇三三）
電話（〇三）三八三〇-一八九一［営業］
（〇三）三八三〇-一八九四［編集］
装　画　カナイフユキ
装　丁　木庭貴信＋岩元萌（オクターヴ）
組　版　髙井　愛
校　閲　株式会社麦秋アートセンター
印　刷　壮光舎印刷株式会社
製　本　株式会社ブックアート

ISBN978-4-7601-5427-2